KB063020

0.1cm로 싸우는 사람

최초의 디자인 회사 '바른손' 50년 이야기

0.1cm로 싸우는 사람

최초의 디자인 회사 '바른손' 50년 이야기

박영춘 · 김정윤 지음

Barunson.

mons

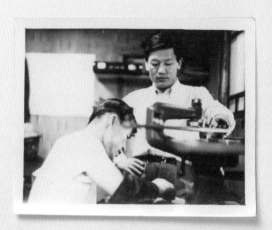

Sept.17-Oct.2

SEASON'S GREETINGS

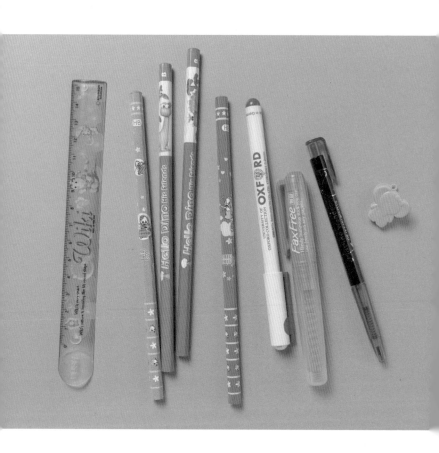

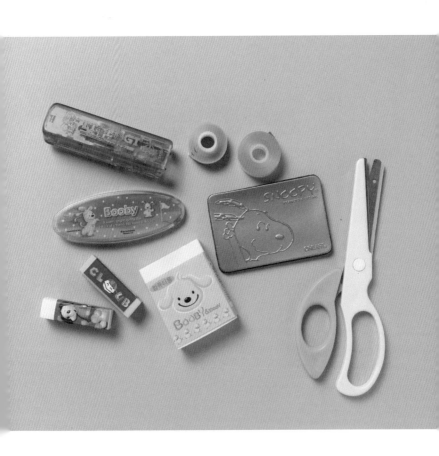

디자인이라는 미지의 세계로 나를 이끈
'바른손' 50년 이야기

배달의민족 김봉진 대표

베트남 출장에서 돌아오는 비행기 안에서 원고 파일을 열어 읽기 시작했다. 우리나라 최초의 디자인 회사 '바른손'의 50년 흥망성쇠 스토리가 나에게도 어떤 자극제가 된다는 걸 느끼면서 금세 몰입할 수 있었다.

바른손의 창업주인 박영춘 회장을 직접 만난 적은 없지만 그분이 만든 '금다래 신머루' 캐릭터의 문구를 사용하던 기억은 또렷하다. 바른손의 카드와 문구들은 사춘기 시절의 나를 디자인이라는 미지의 세계로 이끌기에 충분했다. 도톰한 종이에 깨끗하게 인쇄된 캐릭터들은 이전까지 보아오던 것들과는 완전히 다른 무엇이었다. 디테일까지 완성도를 챙긴 물건이 주는 감흥은 디자이너라는 직업에 대한 꿈을 생각하기에 충분한 씨앗이었다.

그리고 그 완벽에 가까운 물건들이 탄생한 스토리, '바른손'이라는 국민 기업으로 성장한 스토리를 생생하게 글로 접하니 가슴이 뛴다. 당시의 아련한 추억이 소환되는 것은 물론이고 현재 상황의 나에게도 그대로 적용되는 내용이니 말이다.

글을 읽으며 요즘 시대에 꼭 필요한 경영 철학을 이미 50년 전부터 지켜온 박영춘 회장의 예지력과 발 빠름에 놀라게 된다. '0.1cm로 싸우는 사람'이라는 제목에서 느껴지는 디테일의 힘, '지금 하는 일이 나의 미래', '남다른 시도로 업계의 입소문을 타라', '감동은 결국 완벽함에서 온다' 등 책에 나온 가르침은 경영이라는 낯선 분야에 뛰어든 디자이너들, '디자인'을 필두로 새로운 비즈니스를 시작하려는 사람들에게도 지침이 될 것이다. 무엇보다 디자이너가 왜 경영자가 되어야 하는지, 경영자가 왜 디자인 감성을 가져야 하는지를 이 한 권의 책을 통해 제대로 배울 수 있다는 것을 강조하고 싶다.

디자이너로서, 경영자로서 살아온 그의 이력 가운데 특히 여러 차례의 부도를 맞으면서도 새로운 아이디어로 끊임없이 도전했던 정신은 지금의 스타트업 기업가들에게도 시사하는 바가 크다. 사업 때문에 베트남을 자주 드나드는 요즘, 20여 년 전 바른손 부도 이후 중국에 처음 진출해 우여곡절을 겪은 그의 이야기를 읽으니 더욱 공감이 갔다. 당시의 저자도 지금의 나 같은 기분이었던 것 같다. 막연한 기대와 두려움 그리고 표현할 수 없는 여러 가지 감정이 섞여 있는 가운데, 나를 움직이는 원동력이자 자극이 되는 것은 역시 새로운 일에 대한 설렘이다. 60세의 나이에 부도의 아픔을 겪고도 새로운 곳에서의 시작에 대한 설렘을 지니셨던 저자의 스토리를 통해 나 역시 마음을 다잡게 된다.

박영춘 회장은 척박했던 디자인이란 토지에 처음 씨를 뿌렸던 사람으로, 우리 기업의 역사 그리고 디자인의 역사에서 기억돼야 할 존재임이 분명하다.

Prologue

'경영하는 디자이너'의 시대

실리콘 밸리 기술자들이 디자이너를 찾아 나섰다. 새롭고, 아름답고, 강력한 경험을 하길 바라는 소비자들을 공략하기 위해서다. 애플의 창업자 스티브 잡스는 말했다. "'이 제품 은 최신 기술을 사용해 만들었어요'라고 소구하는 것은 소 비자 입장에서는 아무런 의미가 없다. '당신에게 이런 경험 을 선사하기 위해서 이런 기술을 사용했어요'가 맞는 순서 다." 그의 이러한 접근법은 기술자들이 주도하던 IT 업계에 신선한 충격이었다. '소비자 경험이 기술을 우선한다'는 새 로운 경향은 IT 업계에 전혀 새로운 바람을 일으켰다. 바로 디자이너 창업자의 대두이다.

국내 역시 마찬가지다. 디자인, 인간의 미적 체험이 전 산업군을 리드하는 경향이 두드러지기 시작했다. 모든 정 보가 인스타그램, 페이스북 등 SNS에 이미지와 함께 유통 되면서 디자인을 중시하는 경향은 더욱 강화됐다. 패션, 인테리어, 뷰티 등 전통적인 디자인 분야의 시장도 기하급수적으로 확장됐지만, 디자인과 직접적인 관련이 없는 핀테크 금융과 IT의 융합을 통한 금융 서비스, O2O Online to Offline 등 IT 벤처 업계에서도 미적 경험을 이해하는 디자이너 출신 경영자들이 승승장구하고 있다. 배달의민족 김봉진 대표, 카카오 조수용 공동 대표이사, 뱅크샐러드 박지수 CPO Chief Product Officer, 최고 제품 책임자 등이 대표적인 '경영하는 디자이너'다. 이들은 제품 디자인, 웹사이트 레이아웃 디자인을 하는 역할에서 벗어나 남다른 브랜드 콘셉트, 창의적인 경영 철학으로 사업 영역을 넓히고 있다. 어느덧 경영자가 미적 경험을 어떻게 이해하는지가 기업 성패의 결정적 요소로 자리 잡은 것이다.

1970년, 바른손카드의 디자인 창업

대한민국에서 디자인이 전 산업군의 핵심 요소로 떠오른 것은 굉장히 최근의 일이다. 1960~70년대 대한민국에는 '예술가는 배곯는 직업', '아름다움은 배부른 자들의 뱃놀이 같은 것'이라는 생각이 팽배했다. 질 좋고 튼튼한 제품을 만드는 데 모든 노력을 쏟아부어야 하며, 디자인은 마지막에 얹는 머리핀 같은 장식적 요소라고 여겼다. 심지어 외국 제품의 디자인을 적당히 베껴 만들어 팔면 그만이라고 생각하는 기업가가 대부분이었다. 토건 시대에 승승장구했던 자신의 경영철학을 고수하고 싶어 하는 기업 경영자들도 여전히 적지 않은 실정이다.

이렇듯 문화적으로 척박했던 당시의 기업 풍토와는 처음부터 다른 길을 걸어온 디자인 기업이 있다. 1970년에 최초의 디자인 카드를 선보이며 그 50여 년의 여정을 시작한 '바른손'이다. 바른손은 '디자인'을 창업 정신으로 내걸고 30년 가까운 세월 동안 카드와 팬시 시장에 아름다운 경험의 열풍을 일으켰다. 1970년대 초반, 디자인 산업이 전무하던 한국 산업계에서 남다른 미감으로 전에 없던 디자인 카드를 선보이며 시장을 석권했다. 1980년대 들어 '바른손팬시'로 그 영역을 확대해 문구 시장에 파란을 일으키며 20년 가까운 세월 동안 업계 1위를 고수했다.

바른손은 1980년대 이후 태어난 초기 밀레니얼 세대의 일상을 다채로운 색감과 흥미진진한 이야기로 채우는 데 성공했다. 그 시절의 아이들은 크리스마스카드를 고를 때나 생일 파티에 가져갈 선물을 고르기 위해 바른손의 문구 진열대를 서성이면서 자신을 투영할 미적 대상을 선택하는 훈련을 했다. 바른손이 아이들에게 자신의 취향을 개발할 수 있는 기회를 부여한 셈이다.

1990년대 중반에 만들어진 바른손의 광고 포스터를 살펴보면 바른손이 디자인을 어떻게 다뤘는지 생생하게 알 수 있다. 이 포스터에는 '21세기 아이들은 디자인을 먹고 삽니다'라는 헤드 카피와 함께 팬톤미국의 세계적인 색채 연구소이자 색상 회사 사의 컬러 칩을 스푼으로 떠먹는 장면이 담겨 있었다.

좋은 디자인 하나가 아이들의 장래를 바꿉니다.

보고 자란 것이 다르면

아이들의 장래가 달라집니다.

지우는 것으로 만족하는 지우개가 아니라,

쓰는 것으로 만족하는 연필이 아니라.

아이들의 감각을 자극하고 감성을 높이는

디자인 제품들.

바른손은 우리나라 아이들을 디자인 나라 속에서

자라게 하겠습니다.

아이들의 반짝이는 미래를 키우는

필수 영양소가 되겠습니다.

위와 같은 카피를 담아내며 바른손은 오늘날 전 산업
군에 걸쳐 행사되고 있는 디자인, 아름다움, 인간의 미적 체
험의 영향력을 정확히 예견하고 있었다.

바른손의 이러한 경영 철학은 한국의 디자인 산업을 한

단계 끌어올리는 선두적인 역할을 했다. 당시 한국의 문구 산업은 성장하는 시장이 아니었다. 이런 상황에서 바른손은 1983년 국내 최초로 자체 디자인한 캐릭터 상품을 개발, 제조와 유통까지 모두 컨트롤하는 시스템을 개척했다. 바른손이 활로를 내면서 모닝글로리, 아트박스가 생기고 팬시 르네상스 시대가 열렸다. 1974년 일본의 팬시 업체인 산리오의 '헬로키티'가 전 세계적인 인기를 끌면서 세계 곳곳의 문구 산업을 장악해 갔지만 일본과 바로 이웃한 우리나라에는 진입하지 못했던 것은 바른손을 필두로 한국의 문구 산업이 이미 탄탄하게 자리 잡고 있었기 때문이라고 전문가들은 말한다. 한 기업이 산업계에 새로운 길을 냈고, 한국의 문구 산업은 디자인 경쟁력을 바탕으로 국내 시장을 방어할 수 있는 힘을 얻을 수 있었다.

"나는 한 장의 카드, 하나의 캐릭터에 서려 있는
수많은 이야기가 우리의 정서를 순화시키는

놀라운 힘을 확신하고 있습니다."

— 1993년 바른손 경영 철학 문서 중에서

바른손 신화의 한가운데에는 창업주인 박영춘 회장이 있다. 그는 기업 경영을 돈벌이 수단으로만 생각했던 수많은 기업인과 시작부터 달랐다. 박 회장은 바른손 상품을 기획하면서 세상에 존재하지 않았던 아름다운 상품을 만들어내는 창조적 작업을 끊임없이 시도했다. 그러면서도 영리 사업임을 잊지 않고 시대의 기류를 면밀하게 읽어내 성공적으로 산업화한 것이 여느 아티스트와 다른 점이다. 그 자신이 금속 조각공으로 뛰어난 기술을 가지고 있었던 점도 바른손을 성공으로 이끈 중요한 요인이 되었다. 즉, 박영춘 회장은 아티스트와 기술자, 사업가 사이를 균형 있게 오가는 삶을 살았다.

이 책은 바른손 창업주인 박영춘 회장의 50년 기업 경영 스토리를 그 뼈대로 하고 있다. 국내 1세대 경영자 중에서는 지금까지도 찾아보기 힘든 사례이기에 그의 디자인 창업 스토리는 기록되어야 할 가치가 있다. 기업가가 자기표현의 수단으로서 회사를 경영할 때 어떤 창조적인 인생을 살게 되는지 알 수 있는 답안지다. 바른손의 성공과 실패 이야기는 2019년 현재 디자인 창업을 꿈꾸는 사람들에게 50년의 시간만큼 묵직한 통찰을 줄 것이다.

생생한 바른손 50년 스토리를 듣기 위해 박영춘 회장과 수십 시간의 인터뷰를 진행했다. 그는 여전히 총기 넘치는 소년의 눈빛을 간직하고 있었다. 파킨슨 증후군으로 몸이 불편함에도 불구하고 긴 시간 동안 흐트러짐 없는 모습으로 바른손과 함께한 50년 모험 이야기를 들려줬다.

"꿈같이 했지."

한창 경영 일선을 누비던 시절을 회상하면서, 박 회장은 이렇게 말했다. 지난 50년 시간의 울림이 그대로 느껴졌

다. 아무도 가지 않았던 길을 개척하며 자기 자신을 열정적

으로 쏟아부었던 사람만이 할 수 있는 말이었다.

2019년 5월

김정윤

21세기 아이들은
디자인을 먹고 삽니다

좋은 디자인 하나가 아이들의 장래를 바꿉니다

디자인 나라
바른손

Barunson.

Contents

I
최초의 입체 디자인 카드,
1970년의 바른손카드   43

IV

중국 진출, 그 과정에서 배운 것들

I   최초의 입체 디자인 카드,

1970년의 바른손카드

1 디자인과 기술의 조화

디자이너가 주체적인 창업자로 우뚝 서기
위해서는 많은 자질을 갖춰야 한다. 그중 가장
중요한 것은 해당 산업의 제품화를 위한 핵심
기술을 보유하는 일이다. 남다른 기술력을 가진
사람과 팀이 되거나, 아니면 자신이 직접 뛰어난
기술자가 되어야 한다. 바른손을 세운 박영춘
회장은 본인 스스로 뛰어난 금속 조각공으로
1970년대 서울 을지로 인쇄 업계에서 이름이
높았다. 인쇄업에 대한 배경지식이 없던 금속
조각공이 연하장 제조업에 뛰어든 첫해에 130만
장을 팔아치우며 순식간에 업계 1위에 오를 수
있었던 이유도 디자인 감각과 조각 기술을 함께
가지고 있었기 때문이다.

1970년, 을지로 인쇄골목의 라이징 스타

미로처럼 구불구불한 좁은 골목에 물건을 가득 실은 오토바이가 쉴 새 없이 지나다니는 을지로 인쇄골목은 서울 구도심의 상징처럼 느껴진다. 1970년대에 인쇄업은 오늘날 IT 산업처럼 최신 미래 산업으로 각광을 받았다. 자연히 을지로 인쇄골목도 지금의 테헤란로처럼 성공하고 싶어 하는 사람들이 몰려들어 성장의 기운이 넘실대는 동네였다. 그즈음 국내 최초의 주상 복합 아파트인 풍전상가도 이곳에 들어섰는데, 에스컬레이터도 설치되어 있고 스파게티를 파는 양식당이 들어설 정도로 최신 트렌드가 집약되어 있었다. 그렇기에 당시의 힙스터들이 을지로로 속속 모여들었지만 지금의 IT 업계처럼 시장 진입이 어렵지는 않았다. 다만 생존하기 위한 경쟁이 치열하게 펼쳐지고 있었다.

강원도 춘천에서 서울로 상경한 지 3년째 되는 해인 1970년, 박영춘 회장은 풍전상가 1층에 꽤나 넓은 사무실을 얻었을 정도로 조각공으로 탄탄하게 자리를 잡기 시작했다. 지금은 디지털 인쇄가 보편화됐지만, 그때만 해도 글자와 그림을 일일이 조각한 금속판에 잉크를 묻혀 종이에 찍어내는 활판 인쇄 시대였다. 일반적인 글자는 이미 만들어진 활자를 문선원고에 따라 활자를 배열하는 작업해서 인쇄했지만, 특별히 디자인된 글씨나 그림을 인쇄할 경우에는 을지로 금속 조각공들에게 직접 주문 제작해야 했다. 박영춘 회장이 처음 을지로에서 했던 일도 바로 이런 금속판 조각이었다.

일본에서 사용법도 모르는 조각 기계 하나를 수입해 무작정 시작한 일이었지만, 타고난 손재주 덕분에 금세 업계에서 입소문을 탔다. 금속 조각이 정확하지 않으면 인쇄했을 때 찍힌 글씨나 그림이 일정하지 않거나 종이가 자글자글해지는 등 완성도에 문제가 생긴다. 반면 그가 조각한 금속판은 다른 사람들의 것보다 훨씬 정확도가 뛰어나고 시각적으로 완벽하다는 평을 들었다. 특히 한국화장품, 태평양화학 등 당시 한국을 대표하던 뷰티 업계에서 그를 찾아오는 일이 잦았다. 그때 그가 운영했던 조각 사무실의 이름이 바로 '바른손'이다.

남다른 시도로 업계의 입소문을 타라

바른손의 수많은 클라이언트 중에는 연하장 업계 1위이던 '삼성공예'라는 업체가 있었다. 어느 날 삼성공예로부터 금박 글씨를 찍을 틀을 조각해 달라는 의뢰가 들어왔는데, 박 회장은 당시 다른 조각공들이 하던 방식과는 조금 다르게 조각을 시도해 봤다. 더 깊고 완만하게 금속을 조각하여 글씨의 모든 디테일이 살아나게 만들어서 납품했는데, 그가 조각한 글씨가 찍힌 연하장이 그해 어마어마한 판매고를 올렸다는 소문이 퍼졌다. 연하장 실물이 궁금했던 박 회장은 삼성공예로 전화를 해서 완제품을 볼 수 있는지 물었다.

"당신이 보면 뭐합니까? 보면 알아요?"

삼성공예 사장은 퉁명스럽게 대꾸하고는 전화를 툭 끊어버렸다. 서운하고 화가 난 박 회장은 자신이 직접 연하장을 만들어 팔겠다고 결심을 했다. 어쩌면 사소한 계기였지만 바른손카드의 역사가 시작된 순간이었다. 클라이언트를 일대일로 상대하는 조각 작업으로는 큰돈을 벌기 어렵다는 판단 아래 조금 더 큰 규모의 제조업에 뛰어들어야겠다고 고민하는 중에 벌어진 일이었다. 1970년대에는 기업이나 개인이 크리스마스카드나 연하장을 보내는 것이 보편적인 문화였다. 지금도 1년에 20억 장의 연하장이 발송된다는 일본의 연하장 문화에 영향을 받은 것이다.

　연하장은 새해를 맞아 직접 인사를 가지 못하는 지인들에게 지난 한 해 동안 감사의 마음과 새해의 안녕을 전하는 중요한 수단이었다. 하지만 당시의 연하장은 디자인이 다양하지 못해 풍속도, 미인도 등 동양화를 그대로 옮겨놓은 것이 태반이었다. 박영춘 회장은 연하장에 디자인 개념을 가미하면 승산이 있겠다고 확신했다. 삼성공예에 납품했던 작품처럼 다른 사람이 시도하지 않았던 방식으로 연하장을 디자인하면 경쟁력이 있을 것이라고 생각했다. 카드나 연하장은 메시지를 전하는 종이일 뿐이라는 고정 관념에서 벗어나, 다른 사람이 하던 방식을 따라서 카드를 찍어내던 연하장 업계에 창의적인 에너지가 움트는 순간이었다. 물론 그에게 새로운 디자인을 제품화할 수 있는 뛰어난 조각 기술이 없었다면 이런 아이디어는 단지 아이디어에 머물렀을지도 모른다. 디자인이 팔릴 만한 상품이 되려면 뛰어난 제품화 기술력이 함께 균형을 맞춰야 한다. 그렇지 않으면 디자이너의 노트 위의 스케치로만 끝날 가능성이 농후하다.

연하장 제조업을 하겠다고 결심을 했지만 그는 카드 제조에 대해 그다지 아는 것이 없었다. 연하장을 주로 취급했던 인쇄소가 아닌 교과서를 찍어내는 인쇄소에 일을 맡겼을 정도로 인쇄 업계 사정에 무지했다. 일단 관련 업체에 취직해 도제식으로 선임에게 일을 배웠던 당시 업계의 상황을 고려하면 그의 도전은 완전히 무모했다고 할 만하다. 하지만 오히려 한 발자국 떨어져 있었기 때문에 그의 첫 도전은 자유로울 수 있었다. 선배들이 해온 기존 방식을 따라 하는 도제 시스템 아래서는 새로운 시도를 하는 것조차 원천적으로 차단되는 경우가 많았기 때문이다. 아무런 교육적 배경 없이 혼자 힘으로 그 과정을 헤쳐 나온 사람은 그만큼 독창적인 자신만의 길을 개척했을 가능성이 높다.

연하장은 연말연시 짧은 기간 동안에만 팔리는 상품이다. 성수기와 비수기가 뚜렷해서 초기 시장 진입이 까다로운 아이템이다. 하지만 그는 여기저기서 겨우 돈을 만들어 사업을 시작하면서도 자신이 가는 길에 확신을 가지고 있었다.

"내가 하면 틀림없으니까."

그는 우연히 작은 성공의 씨앗을 발견했고, 그 기회를 놓치지 않았다

핫샷 데뷔, 최초의 엠보싱 카드

연하장 제조업에 뛰어든 그는 이전에 아무도 시도하지 않았던 방식으로 최초의 엠보싱 카드를 디자인했다. 모든 카드가 평면일 때 처음으로 입체적인 디자인의 카드 제작을 시도한 것. '근하신년' 같은 글씨나 동양화를 조각한 후 힘 있게 종이를 눌러 위로 볼록 올라오게 해서 입체적인 엠보싱 효과가 나도록 했다. 디자인 감각과 조각 기술의 조화가 빚어낸 연하장 제조 기술의 혁신이었다. 종이에 깊이를 표현할 수 있다는 사실을 이전의 카드 디자이너들은 생각하지 못했다.

1970년 바른손카드 창립 당시만 해도 디자인 개념을 이해하고 있는 기술자는 드물었다. 더욱이 일반인에게는 디자인이란 자체가 낯선 용어였다. 그만큼 우리나라의 디자인 역사는 짧다. 1954년에 서울대 응용미술학과가 처음 생겼을 정도이며, 1970년대까지만 해도 유명 미술대학 응용미술학과 교수들은 순수 미술을 전공한 사람이 대부분이었다. 그렇기에 디자인과 제품 경쟁력의 관계를 이해하고 있는 사람이 드물었다. 수년간 인쇄에 필요한 금속판을 조각하는 일을 직접 해온 박 회장만이 평면인 종이 위에서 새로운 표현의 가능성을 발견할 수 있었다.

　그는 사람들이 이런 방식의 디자인 카드에 열광할 것이라고 확신했지만, 조금 더 과학적인 시장 조사를 계획했다. 그해 여름 즈음에 12개의 디자인 도안을 담은 연하장 샘플 북을 만들어 도서관이나 동사무소 같은 공공 기관을 직접 돌면서 소비자 선호도 조사를 실시했다. 그다음 가장 반응이 좋았던 상품 몇 가지를 선택해 본격적으로 인쇄소에 돌릴 샘플 북 제작에 돌입했다. 당시에는 연하장 업체가 샘플 북을 제작해 인쇄소에 보내면 소비자들이 인쇄소에 비치된 샘플 북을 보면서 원하는 상품을 선택해 주문하고, 이를 인쇄소에서 인쇄하는 시스템이었다. 따라서 더 많은 인쇄소에 샘플 북을 돌리면 더 많은 주문이 들어오겠다고 생각한 박 회장은 자그마치 3000권의 샘플 북을 만들었다. 디자이너, 기술자일 뿐만 아니라 배포 넘치는 사업가로서의 자질이 드러나는 순간이었다.

　엠보싱 작업은 일일이 손으로 눌러서 해야 했는데, 이 작업을 위해 그는 고향인 춘천 기차역 근처에서 노숙을 하던 건달 20명을 데려왔다. 그들과 숙식을 함께하면서 만든 샘플 북 3000권을 여행 가방에 담아 끌고 다니며 을지로의 거의 모든 인쇄소에 돌렸다.

"간판이 걸려 있는 인쇄소에는 거의 다 들어갔다고 보면 돼요. 한 사람 한 사람을 직접 만나며 발품을 팔았죠."

자금이 넉넉하지 않은 상황이었음에도 기성 업체를 넘어서 최고가 되길 원했던 그는 새로운 디자인의 질 좋은 제품을 만드는 것은 물론이고 공격적인 마케팅 기법을 도입한 것이다.

그리고 그해 연말, 바른손카드는 시장에 파란을 일으켰다. 첫해에만 연하장 130만 장이 불티나게 팔려나갔다. 그가 만든 카드를 사기 위해 직접 찾아온 도매상들이 을지로3가 건물 3층에 있던 사무실 복도부터 1층까지 빙 둘러 줄을 섰다. 마치 아이돌 그룹의 캐릭터 문구 상품을 사기 위해 한겨울 새벽부터 줄을 서는 수백 명의 소녀들처럼. 직원들은 돈을 받아서 셀 시간도 없어서 자루에 담았는데, 하루 일과가 끝나면 돈이 수북이 담긴 자루가 몇 개나 되었다.

낮에는 카드를 팔고, 밤에는 집에서 돈을 세는 일상이 계속되던 중 사무실로 전화 한 통이 걸려 왔다. 연하장 완제품을 보고 싶다는 부탁을 야박하게 거절했던 삼성공예 사장이었다. 박 회장의 성공으로 가장 큰 타격을 입은 그는 도대

체 어떤 회사에서 이런 제품을 만들었는지 수소문하기 시작했다. 하지만 바른손카드가 워낙 인쇄 업계에서 알려진 바가 없었기에 사무실 전화번호를 찾아내는 것조차 쉽지 않았다. 박 회장이 업계에서 승기를 잡으면서 삼성공예는 자연스럽게 도태됐고, 삼성공예 사장은 결국 모든 사업을 정리하고 이민을 갔다.

"지금 생각해 보면 그분이 은인인가 싶기도 해요. 그분 때문에 카드 제조업을 시작하게 됐으니까요. 당시 고민했던 다른 아이템인 플라스틱 제품 사업을 했으면 지금보다 더 많은 돈을 벌었을지도 모르겠지만요."

뛰어난 기술이 곧 예술

영어 '아트art'의 어원인 라틴어 '아르테arte'는 곧 뛰어난 기술을 뜻하는 말이기도 하다. 박영춘 회장이 카드 업계 데뷔 첫 순간부터 어마어마한 성공을 거두게 된 비결은 남다른 금속 조각 기술 덕분이었다. 자신의 정교한 조각 기술과 디자인 감각이 사람들을 끌어들이는 셀링 포인트가 된다는 것을 간파하자마자 바로 행동에 나서 큰 부를 거머쥐었다.

예술과 기술의 조합은 실리콘 밸리에서도 진가를 발휘하고 있다. 가장 대표적인 예는 숙박 공유 플랫폼 에어비앤비다. 최근 힐튼과 하얏트 등 전통적인 호텔 업계의 아성을 뛰어넘은 에어비앤비는 디자이너 브라이언 체스키와 조 게비아, 컴퓨터 엔지니어 네이선 블레차르지크가 공동 창업했다. 그들은 제품 개발 초기부터 한 공간에서 함께 일하며 긴밀하게 협력했다. 디자인과 기술을 별도의 요소로 취급하는 것이 아니라, 하나의 창조물을 만들기 위해 두 관점을 지속적으로 활용했다.

디자인과 기술을 두 축으로 하는 창조의 과정은 에어비앤비 서비스에 그대로 드러난다. 그들은 시각적인 매력을 최대한 살리기 위해 모든 요소에 디자인 개념을 도입했다. 사업이 자리를 잡아가는 초기에는 숙소를 제공하는 호스트들의 집에 전문 사진작가를 무료로 파견하는 서비스를 진행하기도 했다. 아름다운 숙소 사진을 찍어 올림으로써 여행자들에게 호텔보다 저렴한 가격으로 색다른 미적 경험을 할 수 있다는 기대감을 품게 한 것이다.

하지만 에어비앤비가 지금의 에어비앤비일 수 있는 이유는 최신의 IT 기술을 적극적으로 사용하기 때문이다. 에어비앤비는 현재 실리콘 밸리 기업 중에서 가장 뛰어난 머신 러닝, 빅 데이터 기술을 사용하고 있는 회사로 손꼽힌다. 사용자가 가장 좋아할 만한 정보를 선별해 보여주는 최신 IT 기술은 에어비앤비 고객 개개인에게 최적의 맞춤형 숙소와 액티비티 정보를 제공한다. 디자인 감각과 최신 IT 기술이 잘 어우러져서 전 세계 호텔 업계의 지각 변동을 일으킨 숙박 공유 플랫폼 기업이 탄생할 수 있었다.

박영춘 회장이 타고난 미감과 창의력을 지닌 동시에 뛰어난 기술자였다는 사실이야말로 바른손 성공 신화의 핵심이다. 창업을 꿈꾸는 디자이너라면 아름다움을 이해할 수 있는 기술자 파트너를, 기술자라면 기술을 이해할 수 있는 디자이너 파트너를 전략적으로 찾아 나설 필요가 있다.

2

작은 성공의 경험은 자기 확신의 토대

사용법도 모르는 조각 기계를 일본에서
수입해 무작정 상경했던 박영춘 회장의
결단은 어찌 보면 무모해 보인다. 하지만 이
또한 학창 시절에 하나하나 쌓아올린 작은
성공의 경험에서 비롯된 확신이 있었기에
가능한 일이었다. 춘천에서 학창 시절을 보낸
그는 미술부 에이스로 이름을 날렸고, 자신의
창조물로 사람들을 매혹시키는 희열을 이미
맛보았다.

나의 쓸모를 일찍 발견하면 생기는 일

춘천 강원대학교 농업대학을 다니던 새내기 대학생 박영춘 회장을 아버지가 급하게 부르셨다. 아버지는 오랫동안 춘천 중·고등학교에 배지를 만들어 납품해 왔는데, 배지 조각을 하던 사람이 일을 그만두게 된 것이다. 춘천에는 금속 조각공이 드물었기 때문에 서울로 작업을 의뢰해야 하는 상황이었지만 그러기에는 납품 기한이 촉박했다. 그래서 손재주가 좋은 셋째 아들을 불러 그 일을 맡긴 것이다. 평소에 안 해본 작업이라 일이 손에 익숙해지기까지 시간이 꽤 걸렸지만 박 회장은 결국 해냈고, 아버지는 그의 작업물에 흡족해하며 약간의 용돈을 주셨다. 그때 익힌 조각 기술은 박 회장의 성공적인 을지로 진출에 가장 중요한 밑바탕이 된다.

아버지가 7남매 중에서도 박영춘 회장에게 조각 일을 부탁했던 이유는 그가 중·고등학생 시절부터 학교에서 손꼽히는 화가였기 때문이다. 박 회장은 6.25전쟁 때 춘천에서 청주로 피난을 가서 청주중학교를 다녔다. 당시 이 학교는 실험적이고 선진적인 교육을 실천하는 '실험 학교'였다. 비록 전쟁 상황이라 따로 미술 선생님의 지도를 받을 기회는 없었지만, 비교적 풍족하게 물감이나 도화지를 사용할 수 있었다. 그는 수채물감으로 풍경과 정물을 마음 가는 대로 그렸는데 매번 미술 대회에 나가면 일등 상을 받아 왔다. 학교의 이름을 드높였다고 졸업식에서 교장 선생님이 따로 공로상을 줄 정도로 미술에 관해서는 학교 대표 선수였다.

자연스럽게 미대 진학을 꿈꿨지만 아버지가 하시던 사업을 돕느라 결국 서울대 미대 원서를 써놓고도 시험을 보러 가지 않았다. 당시 춘천에 있던 유일한 대학인 강원대학교에는 농업 단과대가 전부였다. 대학 전공에 대한 별다른 선택권이 없어 강원대 농대로 진학했던 박 회장은 학과 공부에 큰 매력을 느끼지 못했다. 하지만 농대에서 지낸 시간이 완전히 쓸모없었던 것은 아니다. 농업 아이템으로 작은 사업을 해서 용돈벌이를 시작했다. 집에서 병아리와 화초를 키워 팔아서 세계문학전집, 한국문학전집 같은 고가의 책들을 사들였다. 이렇게 소소하게 자기 사업을 시작한 박 회장은 그때 돈 버는 재미를 알았다고 한다.

지금 하는 일이 나의 미래

작은 경험이라도 성공을 하고 그 속에서 희열을 맛본다면 향후 담대한 발걸음의 씨앗이 되곤 한다. 사업가로 대성한 창업자들은 학창 시절부터 무언가를 만들어 팔기 시작하며 두각을 나타낸 경우가 많다. 학창 시절부터 금속 조각 아르바이트를 하며 용돈을 벌고, 병아리와 화초를 키워 팔아서 사고 싶은 것을 마련했던 박 회장처럼 말이다.

에어비앤비의 창업자이자 디자이너 조 게비아는 로드아일랜드 디자인스쿨RISD 재학 시절에 자신이 디자인한 엉덩이 모양 휴대용 쿠션인 '크릿번즈'를 제작·판매해서 큰 수익을 올렸다. RISD의 디자인과 학생들은 대여섯 시간이나 계속되는 디자인 품평 시간에 제대로 된 의자도 없이 바닥이나 나무 벤치에 앉아 있어야 했다. 조 게비아는 의자 없는 장소에서 바닥에 앉아야 할 경우 간편하게 사용할 수 있는 쿠션을 디자인하고, 비평을 뜻하는 '크릿crit'과 엉덩이를 뜻하는 번즈buns를 합쳐 크릿번즈라는 이름을 붙였다. RISD에서는 졸업생들에게 단체로 크릿번즈를 선물하기도 했다. 이 제품은 곧 유수 디자인 매거진에 연달아 소개됐으며, 뉴

욕 현대미술관MOMA 등 미국 전역의 아트 숍에 입점하는 성과를 올렸다. 조 게비아의 파트너인 에어비앤비 공동 창업자 네이선 블레차르지크 역시 14세 때부터 컴퓨터 소프트웨어 사업을 해서 번 돈으로 하버드 대학교의 등록금을 해결했다고 한다.

자기가 되고 싶은 것이 있다면 지금 주어진 상황에서 바로 그 일을 경험하는 것이 가장 빠른 방법이다. 지금 하고 있는 행위 자체가 나의 직업이며 내 미래의 초석인 셈이다.

창업 초기, 매출에 초연하라

대학 졸업 후 박 회장은 표고버섯 종균 사업을 하는 둘째 형님을 도와 전국을 돌아다니며 영업 일을 했다. 새마을운동 사업의 일환으로 버섯 농사가 전국으로 확대되자 형님의 버섯 사업도 날로 성장했다. 하지만 그는 사업이 아무리 번창해도 자신에게 돌아오는 몫에는 큰 차이가 없다는 사실에 불만족을 느꼈다.

"돈을 아무리 많이 벌어도 형님 돈이고 내 돈은 아니잖아요. 그래서 가출한 거지. 연고는 없지만 무조건 서울로 가야 한다고 결심했어요."

내심 자신의 사업을 계속 도와줬으면 했던 둘째 형님은 넉넉하지는 않았지만 퇴직금 명목으로 그에게 돈을 주었다. '이 돈으로 무엇을 할까' 고민하던 중 예전에 함께 일한 금속 조각공들이 "일본에는 자동으로 금속 조각을 하는 기계가 있다"고 했던 말이 번뜩 기억이 났다. 사람이 하루 종일 해야 하는 일을 기계가 빠른 시간에 더 잘 해내면 큰돈을 벌수 있을 것 같았다. 박 회장은 형님에게 받은 퇴직금 45만원을 모두 투자해 조각 기계를 수입하기로 결심한다.

당시 두 아이의 아버지였던 박 회장은 자리를 잡을 때까지 혼자 서울에서 지낼 결심을 했다. 아내에게는 수입한 조각 기계를 세관에서 찾은 후 을지로에 자리를 잡으면 가족을 데리러 다시 오겠다고 말했다. 아내는 남편이 떠나기 전날 잠자리에 누워 곰곰이 생각해보니 가족이 흩어져 사는 건 맞지 않다는 결론을 내렸다. 부부는 상경 하루 전날, 온 가족이 함께 이사를 가기로 결정하고 집에 있던 좋은 텔레비전을 7만5000원에 팔아 여비를 마련했다. 1968년 1월 27일, 눈이 펑펑 오던 겨울날에 기차를 타고 서울에 올라온 박 회장 가족은 돈암동에 보증금 3만 원, 월세 3000원인 방 한

칸을 얻어 서울 생활을 시작한다. 주인 말고도 세 가족이 함께 세 들어 살던 오래된 집이었다.

금속 조각 기계를 수입하느라 퇴직금을 다 써버려 사무실을 구할 돈이 없던 박 회장은 을지로2가에 손으로 금속을 조각하던 사람의 사무실 한 귀퉁이에 조각 기계를 놓고 첫 번째 사업을 시작했다. 이를테면 '숍 인 숍' 형태다. 조각 기계에서 이윤이 발생하면 일정한 비율로 공간 사용료를 손 조각공에게 지불하기로 계약을 맺었다. 야심 차게 일본에서 조각 기계를 들여왔지만 한 달 동안 박 회장을 찾아오는 사람은 아무도 없었다.

그렇게 무료하게 시간이 흐르나 싶더니 드디어 첫 손님이 작업을 의뢰했다. 다른 사람의 조각 작품을 손보는 일이었는데, 얼마를 받아야 할지도 몰라서 200원을 받았다. 첫 수익금은 사무실에서 함께 일하던 사람 세 명과 함께 구두를 닦아 신는 데 썼다. 당시 몇 달 동안 수입이 없어 여기저기에서 변통한 돈으로 겨우 밥을 끓여 먹던 아내는 애가 탔지만 박 회장은 여전히 느긋했다.

"나는 문제없어. 단지 시간이 필요할 뿐이야."

숫자에 연연하지 않았던 그의 예술가적 기질 덕분에 오

히려 하루하루 매출에 일희일비하지 않을 수 있었다.

사실 그때까지도 박 회장은 조각 기계를 어떻게 사용하는지도 잘 몰랐다. 막상 기계를 작동시켰는데 조각이 마음대로 되지 않아 낭패였다. 금속을 살살 파내야 하는 바늘이 계속 밀리고 헛돌았다. 을지로에서 일하는 금속 조각 기계공을 수소문해서 찾아가 보았지만, 사용법도 모르고 기계를 수입했다는 말에 어처구니없어 하면서 상대도 해주지 않았다. 다시 사무실에 돌아온 박 회장은 기계를 붙잡고 몇 날 며칠을 이리 궁리하고 저리 궁리하며 문제점을 찾았다. 날을 세워서 돌리면 되겠다 싶어 해보니 그때부터 기계가 정상적으로 작동했다. 전 재산 45만 원을 투자해서 구입한 일본산 조각 기계인데, 거의 한 달 동안의 연구 끝에 드디어 사용법을 알아낸 것이다.

감동은 결국 완벽함에서 온다

몇 달이 흘러 을지로 생활에 익숙해진 박 회장은 유달리 손님이 많은 다른 손 조각공의 사무실로 베이스캠프를 옮겼다. 손 조각공의 클라이언트들이 하나 둘 일을 맡기기 시작해서 조금씩 일이 늘어나더니 다섯 달 만에 을지로 인쇄 업계에서 금속 조각공으로 일등이 됐다. 한국화장품, 태평양화학에서도 소문을 듣고 박 회장을 찾아왔다. 지금이야 디자이너가 컴퓨터로 작업한 결과를 디지털로 인쇄하면 그만이지만, 당시 조각 기계는 수동으로 작업해야 했기 때문에 조각공의 미감이 작품 완성도에 결정적인 영향을 주었다. 박 회장이 창의력을 발휘할 여지가 충분했고, 사람들은 그가 만든 작품의 완벽한 균형감과 정교함에 매료됐다.

춘천에서 서울로 올라와 금속 조각공으로 인정받고, 최고의 카드 기업과 문구 기업을 일궈낸 최근까지 박영춘 회장의 성공을 꿰뚫는 키워드는 '아름다움과 정교함'이다. 다른 사람보다 더욱 아름답게, 내 맘에 들 때까지 완벽하게 제품을 만들어냈다. 한 번 볼 것을 수십 번 보고 또 보고, 고치고 또 고치는 그 과정 자체에 성공의 요소가 녹아 있었던 것이다. 박 회장의 창작물을 보면 누구나 감탄할 수밖에 없었다. 완벽함을 향한 집념은 무일푼 금속 조각공이었을 때나, 수십억 자산가가 된 지금이나 여전히 그의 가장 큰 경쟁력이다. 단기간에 꽤 많은 돈을 모은 박 회장은 반년 만에 손 조각공의 사무실에서 세 들어 살던 생활을 청산하고 풍전상가에 독립적인 사무실을 차렸다.

금속 조각으로 어느 정도 사업 기반을 닦는 데 성공했지만, 그는 이 일의 한계를 곧 파악했다. 고객과 일대일로 대응해야 하는 이런 일로는 큰돈을 벌기 어렵다고 판단한 것. 박 회장은 공장을 두고 제품을 대량 생산하는 제조업으로 업종을 바꿔야겠다고 결심했다. 1969년, 그는 일본산 조각 기계를 다른 사람에게 임대하고 인천에 집을 얻어 1년 동안 그림과 바둑으로 소일하면서 서울을 찬찬히 살펴보며 사업 아이템을 구상했다. 그 후 금속 공예, 플라스틱 제품, 카드 제조업, 이렇게 세 사업 분야를 염두에 두고 다시 풍전상가에 조각 사무실을 열었다. 시기를 엿보고 있던 찰나에 삼성공예 사장과의 전화 통화를 계기로 카드 제조업에 뛰어들기로 결심했다. 1970년, 카드 사업 첫해에 연하장을 130만 장 가까이 판매하며 순식간에 자본을 축적한 바른손카드는 두 번째 해에 크리스마스카드, 세 번째 해에 포장지로 점점 사업 영역을 넓히며 을지로 인쇄 업계의 블루칩으로 이름을 날리기 시작했다.

리스크를 껴안아야 큰 성공을 잡는다

바른손카드는 서대문 양지사 건물을
전격적으로 인수하며 을지로의 영세한
카드 제작사에서 전국 최고의 카드 회사로
발돋움했다. 자체 생산 시설을 갖춘 4층 건물에
새 둥지를 튼 바른손카드는 전국에 물건을
납품하는 탄탄한 강소 기업으로 자리를 잡았다.
모두들 기한 내 대출 상환이 불가능한 투자라고
말렸지만, 바른손카드는 3년 만에 모든 빚을
청산하고 당당하게 카드 업계의 일인자로
우뚝 섰다.

창조하는 희열

바른손카드가 본격적으로 디자인 개념을 도입하면서 카드는 자신의 취향과 미감을 표현할 수 있는 수단이 됐다. 생일 카드, 감사 카드, 청첩장 등은 당시 사람들에게 일상에서 누리는 작은 사치이자 즐거움이었다. 바른손카드가 소비자의 이런 욕망을 사업적으로 풀어내며 정교한 디자인 카드를 출시하면서 국내 카드 문화의 변곡점이 시작됐다.

바른손에서 생산한 카드에는 형압, 금박, 서체 등 여러 가지 디자인 요소가 복합적으로 들어가 있었다. 박 회장은 너무 지나치면 촌스럽고 단순하면 심심한, 그 오묘한 경계를 자유롭게 오가면서 새로운 것을 만들어내는 재미에 흠뻑 빠져들었다. 이런 작업은 그의 섬세하고 창의적인 성향과 딱 맞아떨어졌으며, 매해 더욱더 새롭고 혁신적인 디자인 카드를 발표했다.

연하장에서 크리스마스카드, 포장지로 점점 사업 영역

을 확장하며 승승장구하던 박 회장에게 대형 인쇄업체 양지
사 대표가 수행 비서와 함께 찾아왔다. 그는 바른손이 양지
사 건물을 인수했으면 좋겠다는 놀라운 제안을 했다. 당시
양지사는 서대문에 위치한 4층 건물에 인쇄 기계, 금박 기계
등 자체 생산 시설을 갖춘 중견 인쇄 회사였다. 바른손과는
비교할 수 없을 정도로 큰 규모였다. 그런 양지사 대표가 바
른손에 회사 인수를 제안할 정도로 바른손은 인쇄 업계에서
파란을 일으키고 있었다.

양지사 대표는 약간의 인수금만을 지불하고 3년 안에
나머지 금액을 분할 상환하는 조건을 내걸었다. 그때까지만
해도 바른손은 양지사를 인수할 정도의 자금력을 갖추지는
못했기에, 사실 누가 보아도 기간 내에 돈을 갚기는 불가능
해 보였다. 그러나 박 회장은 바른손의 성장세라면 충분히
가능한 일이라고 판단하고 양지사를 인수하기로 결정했다.
새롭게 시도하는 일마다 큰 성공을 거두었던 박 회장은 자
신감에 차 있었다.

"그때는 하늘의 별도 딸 수 있다는 마음이었어요."

이상을 품은 사람에게만 길이 열린다

1975년, 서대문에 위치한 4층 건물에 새롭게 둥지를 튼 바른손은 자체 생산 시설을 사용해 안정적인 품질의 카드를 제조할 수 있는 기반을 갖추게 됐다. 1층에는 인쇄 기계, 2층에는 금박 기계, 3층에는 사무실, 4층에는 제본 시설이 있었다. 자체 생산 시설이라는 날개를 단 바른손카드는 전국의 카드 시장을 거의 독점하다시피 하며 3년 만에 천문학적인 인수금을 모두 갚았다. 춘천에서 45만 원짜리 일본산 조각 기계를 수입해서 상경한 뒤 을지로에서 금속 조각공으로 자리를 잡은 지 10년 만에 서대문 4층 건물의 주인이 된 것이다.

하지만 바른손카드의 상승세는 여기서 멈추지 않았다. 서대문 사옥을 인수한 지 얼마 지나지 않아 마포에 큰 창고를 빌려서 투 컬러 인쇄기를 새로 임대하고 포장지와 달력 제조를 시작했다.

당시 을지로에는 수많은 금속 조각 사무실과 인쇄소가 있었다. 하지만 박영춘 회장은 금속 조각공에 만족하지 않았다. 그의 가장 큰 성장 원동력은 계속해서 다음 단계를 상상하고 흔쾌히 리스크를 껴안는 결단력이었다.

'내가 저기로 갈 것이다.'

꿈을 실현하는 가장 첫 단계는 이러한 이상을 마음에 품는 일이다. 그것이 없으면 새로움을 향해 달려 나가지 못하고 지금에 안주할 수밖에 없다. 박영춘 회장은 탁월한 이상을 가지고 있었고, 이를 실현시키는 탁월한 열정이 있었다.

사실 큰 성공은 늘 위험 요소와 함께 찾아온다. 지금의 안정적인 상황에 안주하지 않고 다음을 그려내는 힘은 사업가에게 필수적인 능력이다. 박영춘 회장은 금속 조각공으로 을지로 인쇄 업계에 입문했지만 엠보싱 연하장, 크리스마스 카드, 포장지로 계속해서 사업 영역을 확대했다. 이에 맞는 자체 생산 시설을 갖추어나가며 자신의 판단력과 창의성을 점차 입증해 갔다.

디자인의 성립 조건, 탄탄한 비즈니스 모델

바른손의 성공은 박 회장이 미감이 뛰어난 아티스트일 뿐만 아니라 사업가 기질을 타고났다는 사실을 보여준다. 디자이너가 사업가로 성공한 경우, 그의 곁에는 대부분 경영을 총

괄하는 파트너가 있게 마련이다. 일반적으로 디테일은 디자이너가 책임지고, 경영 책임자는 거시적인 전략을 세우는 역할을 맡는다. 박 회장이 여타 디자이너나 사업가와 가장 다른 점은 섬세한 미감과 사업가적 배포를 함께 가졌다는 것이다. 대부분의 디자이너도 자신만의 사업체를 꾸리기 원하지만, 그런 회사는 거대한 기업으로 성장하는 데 한계가 많다. 시장이 원하는 디자인과 가격 경쟁력을 함께 갖춘 제품을 생산해 내는 일이 쉽지 않기 때문이다.

디자이너 출신으로 배달 애플리케이션 '배달의민족'을 설립해 업계 1위를 고수하면서 승승장구하고 있는 김봉진 대표도 같은 이유로 뼈저린 사업 실패를 경험했다. 그는 대학을 졸업하고 웹 디자이너로 취업한 지 7년쯤 지났을 때 직접 디자인한 가구를 아이템으로 사업에 뛰어들었다. 그동안의 저축, 전세 자금, 지인에게 빌린 돈까지 더해 대치동에 가구점을 차렸다. 나무로 만든 수제 가구였는데, 독특하고 세련된 디자인 덕분에 잡지에도 많이 실렸다. 하지만 정작 가구 판매로는 이어지지 않았고, 매달 수백만 원의 임대료는 쌓여만 갔다. 1년 정도 버티다가 수억 원의 빚을 지고 사업을 접을 수밖에 없었다.

대치동에 사는 사람들은 비싼 가구도 예쁘면 척척 살 것 같았지만 실상은 그렇지 않았다. 김봉진 대표가 고객 응대를 제대로 못하니 사진을 찍어서 블로그에 올리기만 하고 막상 가구를 사지는 않았다. 그런데 사진을 걸 수 있는 조그만 나무집게는 꽤 팔렸다. 가구를 구경만 하고 그냥 나가기 미안했는지 고객들이 나무집게를 샀기 때문이다. 판매가 3000원에 원가는 300원이서 90%의 엄청난 마진이 남았다. 반면 그가 만든 테이블은 150만 원으로 마진율이 20~30%에 불과했다. 그는 가구는 안 팔리고 나무집게가 잘 팔린다는 사실에 자존심이 상했다. 그때 나무집게를 많이 팔아서 좋아하는 가구 디자인을 계속해야 했는데, 당시에는 그런 생각을 하지 못하고 나중에야 깨달았다고 그는 회상했다.

비즈니스는 디자인 창업의 성립 조건이다. 탄탄한 비즈니스 모델 없이는 아무리 아름다운 디자인의 제품을 만들었다고 하더라도 파도 앞의 모래성일 뿐이다.

나의 자산보다 회사에 먼저 투자하라

바른손카드의 성장과 함께 박영춘 회장의 가족도 많은 변화를 겪었다. 1968년 1월 27일, 눈발이 흩날리던 겨울. 일 곱 살 딸과 갓 돌이 지난 아들, 아내와 함께 춘천에서 서울로 올라온 그는 돈암동 성신여대 근처, 주인집 말고도 세 가족 이 함께 모여 사는 주택의 단칸방에 둥지를 틀었다. 박 회장 의 아내는 그 집을 "소설에나 나올 법한 집"이라고 묘사한 다. 대전에서 온 미스 리, 국악가와 그의 아들, 그리고 박영 춘 회장 가족이 함께 모여 살았다. 당시 일곱 살이던 장녀 비 핸즈 박소연 사장은 계단에서 소꿉놀이를 즐겨 했다. 주인 집이 꽤나 괴팍해서 박 회장의 아내는 아이가 놀고 나면 늘 깨끗하게 계단을 쓸었다. 딸아이가 주인집 거실 텔레비전 앞을 기웃거려도 곁을 내주지 않았다. 결국 참다못해 9개월 만에 그 집을 나와야만 했다.

바른손카드의 회사 규모가 점점 커졌지만, 박 회장 가 족의 살림살이가 눈에 띄게 나아지기까지는 생각보다 오랜 시간이 걸렸다. 박소연 사장이 초등학생 시절에는 가정환경 조사 때 텔레비전이 있는지, 피아노가 있는지 집안 사정을 자세하게 물었는데 그는 한 번도 손을 들지 못했다. 회사의 수익금 대부분을 회사로 재투자했기 때문에 박소연 사장은 초등학생 시절 내내 아버지의 사업이 번창하는지도 모르고

자랐다. 1975년, 바른손이 서대문에 있는 양지사를 인수하면서 가족은 비로소 개봉동의 2층 양옥집을 사서 이사를 갔다. 박소연 사장이 14세 때였다. 그래도 예쁜 것을 좋아하는 아버지 덕분에 학교에서 제일 예쁜 옷을 입고 다녔다고 그는 회상했다.

이후에도 박영춘 회장은 개인 자산을 축적하는 데 열을 올리는 일반 사업가들과는 다른 길을 갔다. 회사의 모든 이익을 다시 설비와 인력 확충에 재투자하는 방식으로 사업을 확장해 나갔다.

4 긴츠쿠로이, 깨진 찻잔이 더 아름답다

바른손카드는 1981년 첫 번째 부도를 맞는다.
부천에 큰 공장을 새로 짓고 막대한 시설 투자를
한 상황에서 박정희 대통령 서거로 시장이
경색되면서 벌어진 일이다. 하지만 이 실패는
바른손카드가 자체 인쇄 시설을 기반으로
한 하드웨어 중심 기업에서 디자인 기획을
가장 중요시하는 소프트웨어 중심 기업으로
변신하는 직접적인 계기가 된다. 일본에서는
깨진 도자기에 옻칠을 하고 금가루를 뿌려서
수선하는 방식을 '긴츠쿠로이'라고 부르며,
수선한 도자기를 깨지기 전보다 더 아름다운
예술품으로 여긴다.

폐허에서 미래를 싹틔우는 힘

서대문과 마포에 자체 인쇄 설비를 마련하고 사업을 계속 확장해 나가던 박영춘 회장은 부천에 큰 인쇄 공장을 짓기로 결정한다. 기존에 보유하고 있던 인쇄기뿐만 아니라 더 많은 기계를 리스로 들여와 생산 능력을 확충했다.

"공장 바로 옆에 있던 대우전자의 사원들과 축구 대회를 했는데 우리가 이겼을 정도로 사기 하나는 최고였어요."

부천 공장을 열면서 달력과 노트, 다이어리로 생산 품목을 늘렸는데 모든 것이 공전의 히트를 기록했다. 바른손카드의 직원 수도 350여 명으로 점점 늘어나고 모든 것이 다 잘될 것만 같던 때에 뜻밖의 사건이 터졌다. 박정희 대통령이 김재규의 총에 맞아 서거하는 일이 벌어지며 갑자기 시장이 경색되기 시작한 것이다. 큰돈을 빌려 사업 규모를 확장했던 바른손카드에 자금 흐름의 압박은 치명적이었다. 결국 1981년 바른손카드는 첫 번째 부도를 맞는다.

상황이 극단적으로 치달았고, 박영춘 회장은 채권단에게 납치당해 사흘간 감금된 채 대출금을 상환하라는 협박을 받았다. 채권단은 바른손카드의 성장세가 워낙 대단했기 때문에 박 회장이 엄청난 개인 재산을 축적했을 거라고 생각했고, 이를 처분해서라도 돈을 갚으라고 종용했다. 하지만 이익의 거의 대부분을 회사에 재투자하는 방식으로 사업을 확장해 왔기에 개인적으로 축적한 부동산이나 현금은 거의 없었다. 박 회장은 자신의 상황을 충분히 설명해 채권단을 설득하고 곧 재기해 대출금을 갚겠노라고 약속했다. 그때 박 회장의 자신감과 남다른 기개를 확인한 채권단은 1년 후 박 회장이 바른손카드와 바른손팬시로 다시 도약을 꾀할 때 오히려 자금을 지원하기도 했다.

감금에서 풀려나 집으로 돌아온 후, 박 회장은 고열에 시달리고 잠을 이루지 못하는 증세를 몇 주간이나 겪었다. 정신과 약의 부작용으로 온몸이 부어오른 그를 위해 아내는 해풍에 말린 쑥을 빚어서 매일 뜸을 떠줬다. 박 회장에게 돈을 꿔준 동료 사업가들도 찾아와 다시 사업을 시작해 보라고 독려했다. 당시 인쇄 업계가 모두 어려운 상황이라 바른손처럼 시장을 선도해 가는 기업이 필요했기 때문이다.

가족의 정성스런 간호와 주변 동료들의 응원에 힘입어 다시 기력을 차린 박 회장은 공장과 인쇄 설비를 모두 처분해 상황을 수습했다. 그 후 고향 춘천으로 내려가 몇 달간 휴식을 취하며 평소에 관심 있던 목공예 가구를 수집하기도 했다.

다시 무언가를 시작해야겠다고 결심한 박영춘 회장은 일본 도쿄로 시장 조사를 다니면서 다음 사업의 모멘텀이 될 만한 아이템을 찾았다. 카드 시장은 연말연시 기간에만 매출이 집중되기 때문에, 이를 보완하기 위해서는 연간 매출이 고르게 발생하는 상품이 절실했다. 바른손의 또 다른 주력 상품군인 노트와 달력, 다이어리를 싼 가격에 양산하는 중소업체와의 경쟁에서 확실한 비교 우위를 선점할 필요가 있었다.

사업 아이템을 찾는 박 회장의 눈에 일본의 캐릭터 디자인 문구 시장이 들어왔다. 1980년대 초 우리나라와 일본의 문화 수준은 상당한 차이가 있었다. 우리나라는 아직까지 디자인이 제품 경쟁력에 결정적인 영향을 미친다는 생각조차 하지 못하던 시절이었다. 특히 사람들이 일상적으로 사용하는 소소한 소품에 디자인 개념을 적용한 사례가 전

무했다. 노트도 아무 무늬 없는 표지가 대부분이었고, 연필도 마찬가지였다. 하지만 일본에서는 산리오 등 캐릭터 기획 회사에서 제작한 디자인 문구 상품이 시장을 휩쓸고 있었다.

박영춘 회장이 바른손의 미래로 지목한 아이템은 바로 '디자인' 그 자체였다.

제품이 아닌 디자인을 팔다

사실 하드웨어를 다루던 사람이 소프트웨어 중심으로 사고를 전환하는 일은 천동설을 믿던 사람이 하루아침에 지구가 태양의 주위를 돈다고 생각을 바꾸는 것만큼 어려운 일이다. 이미 컴퓨터뿐만 아니라 자동차, 미디어를 비롯한 많은 첨단 산업이 소프트웨어를 중심으로 개편되고 있지만, 아직도 수많은 한국의 기업이 토건 산업 시대의 행동 양식을 버리지 못하고 있는 것만 봐도 잘 알 수 있다.

바른손 창업 초기 박 회장은 제조업에서 성공하려면 반드시 하드웨어, 즉 인쇄 시설을 소유해야 한다고 판단하고 큰논을 빌려 공장 설비를 미련했다. 하지만 1981년 첫 번째 부도를 맞고 난 후 그는 바른손을 디자인 기획 회사로 전환하고 제품 제작은 외부 업체에 의뢰하기로 결정했다. 이런 발상의 전환으로 생산 시설을 완비해야 한다는 재정적 부담에서 놓여날 수 있었고, 바른손의 제품군을 인쇄물뿐만 아니라 다양한 문구류로 확대하는 효과까지 있었다. 즉 문구 산업의 소프트웨어에 해당하는 디자인에 방점을 찍은 사업 방식을 새롭게 선택했던 것이다.

이렇게 어려운 변신을 비교적 손쉽게 해낼 수 있었던 이유는 명확하다. 을지로에서 금속 조각공으로 자리 잡았던 시절부터 그의 경쟁력은 늘 디자인이었기 때문이다. 부도를 맞아 부천의 생산 공장과 고가의 인쇄 시설을 모두 처분했고, 돈을 빌렸던 채권단에게 납치되어 감금까지 당하는 아픔을 겪었다. 하지만 그는 일본의 캐릭터 문구 산업에서 아이디어를 얻어 하드웨어 기반 없이 디자인 경쟁력만으로도 최고의 제조 기업이 될 수 있다는 사실을 남들보다 한발 먼저 알아차렸다.

당시 일본에서는 캐릭터 기획 회사 산리오가 1974년에 출시한 헬로키티가 선풍적인 인기를 끌고 있었다. 산리오는 원래 미국의 캐릭터 스누피에 판권을 지급하고 스누피가 그려진 상품을 만들어 팔던 회사였으나 스누피에 대적할 만한 자사 캐릭터로 헬로키티를 개발해서 관련된 만화나 애니메이션 없이 상업적 상품에 디자인 요소로만 활용하고 있다. 지금까지도 헬로키티의 위력은 어마어마해 2019년 현재 산리오의 총 자산 규모는 20조 원에 이른다. 무기와 약물, 담배를 제외한 거의 모든 종류의 헬로키티 상품이 출시됐다고 해도 과언이 아니다.

1982년, 바른손팬시 창업을 준비하던 박영춘 회장이 특히 주목한 것이 바로 일본 팬시 업계의 캐릭터 상품이었다. 자체 캐릭터를 개발해 인기를 얻으면 하드웨어 기반 없이도 엄청난 부가 가치를 누릴 수 있다는 가능성을 인식한 것이다.

당시 한국의 인구학적 변화도 문구 산업의 부흥을 예고하고 있었다. 1950년대에 태어난 전후 베이비붐 세대의 가임기가 시작되면서 1979년부터 1982년까지 매해 85만 명의 아기가 태어났다. 한 반 60명 정원에 1부, 2부로 나뉘어서 학교를 다니고, '하나씩만 낳아도 삼천리 초만원'이라는 표어로 대변되는 산아 제한 캠페인이 펼쳐질 정도로 아이들이 넘쳐났다. 예선처럼 한집에 아이기 디어섯 있는 가족은 드물었고, 둘이나 셋인 경우가 많았다. 이제 막 경제가 활황기로 돌아서는 시대에 아이 한 명 한 명에게 훨씬 공을 들이기 시작하는 때였다. 게다가 해외 출장을 다녀온 친척에게서 선물 받은 디즈니 캐릭터 문구를 학교에 가져가면 전교생이 들썩일 정도로 아이들은 예쁜 문구 상품에 목말라하는 시절이었다. 알음알음 소규모로 수입된 디자인 문구 상품이 엄청난 고가로 거래되고 있었다. 이런 니즈를 정확히 포착한 박영춘 회장은 바른손카드의 다음 아이템으로 디자인 문구와 캐릭터 산업을 지목했다.

반보 먼저 트렌드를 파악하라

미국의 경제지 「앙트레프레너」에서 세계 100대 부자를 조사한 결과에 따르면 그들의 가장 큰 공통점은 트렌드를 남들보다 일찍 파악했다는 것이다. 하지만 사업의 비전을 보았다고 해서 모든 사람이 그 일을 해낼 수 있는 것은 분명히 아니다. 박영춘 회장은 디자인 카드로 사람들의 마음을 사로잡았던 성공 데이터를 풍부히 가지고 있었기에 발 빠르게 방향을 전환해 새로운 비전을 향해 달려 나갈 수 있었다.

그는 물건을 팔아 돈을 버는 것에 집중하기보다 처음부터 이상적인 무엇을 내 손으로 만들어내고, 사람들이 그 물건에 열광하는 것을 바라보는 희열감에 중독되어 있었다. 처음 을지로 금속 조각공 시절부터 박 회장의 가장 큰 사업 모토는 '제품의 질과 디자인'이었다. 내가 만들어낸 제품이 잘 팔리면 엄청난 에너지가 생기는데, 박 회장은 그런 경험을 여러 번 맛보았다. 그 성공의 에너지가 그의 몸에 고스란히 남아 있었기 때문에 실패의 시간에도 '내가 하면 무조건 된다'는 자신감은 사그라지지 않았다. 그러니 축적한 자본과 생산 기반을 모두 잃었더라도 가볍게 모든 것을 다시 시작할 수 있었다.

'디자인'으로 미래 사업 비전을 정한 그는 기존 바른손카드와 함께 새로운 사업 부서인 바른손팬시를 구상하고 본격적으로 산업 디자이너들을 영입해 디자인 파트를 보강하기 시작했다. 바른손팬시 초창기부터 합류해 14년간 디자이너로 일했던 신순규 이사는 거의 즉각적으로 박 회장의 영입 제안을 수락했는데, 그만큼 디자이너에게 바른손팬시는 매력적인 직장이었다. 삼성, LG, 대우 등 대기업을 제외하고 디자인실을 따로 둔 회사가 없는 시절이었다. '아무도 하지

않았던 것을 시도한다'는 슬로건 하나만으로도 창작하고자

하는 디자이너들의 욕망을 건드린 것이다. 전혀 새로운 분

야, 전혀 새로운 시스템, 전혀 새로운 목적으로 무장한 바른

손팬시는 1983년 본격적으로 출범했다.

제작, 유통 등 비즈니스 전반을 컨트롤할 때 디자인은 비로소 돈이 된다

바른손의 디자인 컨설팅 파트너, 김현 산업 디자이너

1988년 서울올림픽의 마스코트 호돌이, 1993년 대전엑스포 꿈돌이를 디자인한 대한민국 대표 산업 디자이너 김현은 바른손 박영춘 회장과 40여 년간 인연을 이어오고 있다. 재능 있는 사람을 아꼈던 박 회장은 김현의 남다른 능력을 높이 샀고, 김현도 박 회장의 뛰어난 미감과 식견에 경외감을 품었다. 김현이 대우 디자인실에 근무하던 시절에 매년 연하장을 바른손에서 주문 제작했고, 동시에 바른손에서 그의 작품을 모티프로 만든 연하장이 인기를 끌었다.

　　김현은 1980~90년대 바른손이 성공할 수 있었던 이유는 자체 디자인을 가지고 제작에서 유통까지 총괄했기 때문이라고 말했다. 미감뿐만 아니라 트렌드를 읽어내는 능력, 경영자로서의 자질까지 갖추었던 박 회장이기에 할 수 있었던 일이라고 회고했다. 그때나 지금이나 디자이너가 디자인만 해서는 큰돈을 벌기 어려운 것이 우리나라처럼 경제 규모가 작은 국가의 현실이라고 강조했다.

1970년대 중반쯤 박영춘 회장님을 처음 뵀어요. 어떤 계기로 만났는지 정확히 기억나지는 않는데 누군가의 소개로 만났던 것 같아요. 아주 작은 체구지만 초롱초롱하고 강렬한 눈빛이 보통 사람들과 달랐어요. 예사롭지 않다는 느낌을 받았어요. 그분은 디자인 전공자가 아닌데도 보는 안목이 대단했어요. 고등학생 시절에 미술반 활동을 했다고 하셨는데, 미술반을 한 사람들이 다 그렇지는 않거든요. 물론 카드 사업을 하시니까 미적 감각이 예민할 수밖에 없지만, 그걸 감안하더라도 미의식이 굉장히 높다는 걸 느꼈죠. 몇 마디 오가다 보면 느껴지는 게 있잖아요.

당시에 저는 대우 디자인실에서 일하고 있었는데, 대우에서 발송하는 카드를 굉장히 오랫동안 바른손으로부터 제작해서 납품 받았어요. 이를테면 제가 바른손의 클라이언트였던 셈이죠. 당시에는 주로 동양화를 인쇄한 연하장이 많았어요. 서양화 연하장도 드물었고. 제가 박 회장님에게 바른손의 연하장 포트폴리오에 그래픽 디자인 카드를 추가하자고 제안을 드렸어요. 아주 새로운 맛이 나니까 한번 시도해 보자고 말씀드렸더니 흔쾌히 그러자고 하셨죠. 당시에 카드는 두 종류가 있었는데 하나는 문구점 시판용, 또 하나는 가격이 높은 고급 기업체 주문 카드예요. 기업에서 연말연시에 카드를 많이 사용했거든요. 기업 대상 카드는 샘플북을 고급스럽고 두껍게 만들어서 돌렸어요. 그런 시절에 바른손카드에서 최초로 그래픽 디자인 카드를 개발한 거죠.

서로 너무 잘 알아서 그랬는지는 모르지만 박영춘 회장과는 100% 믿는 관계였어요. 제가 카드를 디자인해서 드리면 매년 판매량이 만족스러웠고 저도 바른손카드도 좋았죠. 몇 년 하다가 저 혼자 할 게 아니라 샘플 북 중에 한 챕터를 디자인 카드로 만들자고 제안했어요. 우리나라에서 제일 잘하는 사람들만 선별해서 10개 정도를 만들기로 했어요. 대학교수, 일반 디자인 작가 10명을 추려서 부탁을 드렸죠. 그때 로열티 제도를 제가 처음 제안했어요. 몇 매 팔릴 때까지는 기본 비용, 그다음 2만 매가 넘어가면 그때부터 로열티를 몇 퍼센트 주는 조건으로요. 이는 카드업계 최초의 혁신적인 시도로, 1위 기업이던 바른손카드만 할 수 있는 일이었던 건 확실합니다.

디자인 서비스만으로는 한계가 있다

1980년대에는 바른손팬시에서 자문위원을 했죠. 여러 회사 제품 중에서 바른손 제품이 항상 압도적으로 퀄리티가 좋았어요. 노골적인 표절이 일반화되어 있던 시절에 제대로 디자인에 투자하는 회사는 바른손밖에 없었어요. 그때는 우리나라에 디자인 산업이 있었다고 생각하지 않아요. 디자이너들이 기업으로부터 디자인 의뢰를 받아서 그려주는 걸로 끝났지, 기업 내에서 자체적으로 디자인해서 실제 제품 제조와 유통까지 총괄한 것은 바른손이 최초였어요.

표절이 난무하던 시절에 박 회장은 크리에이티브에 대한 생각이 남다르셨어요. 다른 선례 없이 항상 먼저 시도했어요. 카드나 팬시 업계에서는 디자인 개척자와 다름없다고 생각합니다. 다른 회사에서 바른손 걸 흉내 냈지, 바른손은 앞장서서 나가니까 흉내 낼 게 없어요.

해외 디자인 페어에도 직원들을 많이 보냈어요. 좋은 걸 많이 봐야 눈이 뜨이잖아요. 자기가 보는 눈이 올라가야 좋은 디자인 제품이 나오죠. 디자인에 대한 막대한 투자가 있었기 때문에 바른손이 항상 앞서갈 수 있었다고 생각합니다.

당시 다른 클라이언트들의 미감은 전반적으로 떨어졌어요. 디자이너들끼리는 좋은 디자인이 나와도 겨우 50% 했다고 해요. 나머지 50%는 클라이언트를 설득하는 일이었는데, 그 50%의 벽을 넘는 게 굉장히 힘들었어요. 클라이언트들은 어느 분야에서 일가를 이루신 분들이라서 주장이 강하고 고집이 세요. 자기 생각이 제일 좋다고 믿기 때문에 설득하는 일이 투쟁이고 전쟁이죠. 싸울 때도 있고, 심할 때는 안 하겠다고 그만둔 적도 있고, 시간을 두고 살살 설득하기도 하고요.

그런데 바른손에서는 그런 일이 있을 수 없어요. 디자인 자체로 비즈니스를 하는 기업이니 그럴 일이 없죠. 중요한 결정에서 저와는 마찰이 거의 없었어요. 서로 생각이 비슷하고, 서로를 인정하기 때문에 그럴 수 있었던 것 같아요. 물론 박 회장님이 강하게 주장할 때도 있어요. 그러면 내가 모르는 뭔가 이유가 있더라고요. 또 제가 크리에이티브한 면에서 강하게 주장하면 박 회장님도 받아들이고요. 그래서 크게 부딪힐 일이 없었어요. 미적 감각과 경험치를 서로 인정하는 거죠.

디자인 용역 사업만으로는 대기업이 될 수 없어요. 소

규모 전문가 집단에 머물 뿐이죠. 바른손은 제조와 유통을 같이했기 때문에 탄탄한 기업이 될 수 있었던 거지요. 디자인 서비스만으로는 불가능해요. 사업적으로 성공하려면 제조와 유통을 해야 해요. 그래야 규모가 커지죠. 디자인 용역은 아무리 단가를 높게 책정해도 많은 돈을 벌기가 힘들어요. 그래서 디자이너 중에 크게 돈 번 사람이 아무도 없잖아요. 일반 디자이너는 수동적으로 클라이언트가 '이런 거 디자인해 달라'는 요구에 대응하는 것에 그쳤다면, 디자인에서 시작해 생산과 유통까지 모두 해낸 첫 케이스가 바로 바른손이었습니다.

바른손 카드는
'86및 '88올림픽대회의
또 하나의 자랑입니다

한해가 저물고 있습니다.
오래동안 소식 전하지 못했던 많은 분들과
정초 고마웠던 분들, 그리고
소중한 분들께 감사와 축복의
인사를 올려야 할 때입니다.
저희 (주) 바른손 카드는
'86아시안게임 및 '88 서울올림픽대회의
공식축하카드 상품화권자로서의 긍지로
올해에도 항상 한장의 카드에
감사와 사랑의 마음을 담아 보렸습니다.
한해의 끝맺음과 시작을
더욱 밝고, 보람있게 해드릴
바른손 카드는
소중하고 고마운 분들께
더 없는 마음의 선물이 될 것입니다.
정묘년 새해에는
더욱 밝은 빛 받으사이
큰 보람, 큰 뜻
이루어지시기를 기원합니다.
감사합니다.

민들레

1984/8 첫호

바른손

민들레

1985년 9월 제2호

바룸손

II 최초의 디자인 벤처,
1983년의 바른손

1 아름다움을 경험하라

바른손팬시는 1983년 대한민국에 불쑥 등장한
디자인 벤처였다. 대한민국 최초의 디자인
창업자로서 박영춘 회장의 면모가 본격적으로
부각되는 시기이기도 하다. 디자인을 핵심 경영
요소로 삼았던 바른손팬시는 등장과 동시에 문구
업계에 파란을 일으켰다. 그게 가능했던 이유는
직원들에게 다양한 디자인을 경험하도록 투자를
아끼지 않았기 때문이다.

기계 말고 직원의 경험에 투자하라

1983년, 출근 첫해부터 바른손팬시 디자인팀 신순규 씨가 가장 공들였던 업무는 일본 시장 조사였다. 1년에 네다섯 번씩 보름 일정으로 출장을 떠났다. 일본어를 잘하는 무역부 선배와 함께 일본을 수시로 오가며 한국에는 없는 캐릭터 디자인 상품 시장뿐만 아니라 백화점, 아트 갤러리, 도서관 등 일본 문화 전반을 보고, 듣고, 맛보고, 사보고, 산 것을 분해해 보는 일을 반복했다. 박영춘 회장은 자사 디자이너들이 더 발전된 문화를 직접 경험하는 일에 투자를 아끼지 않았다. 결국 그들이 경험한 것들이 바른손팬시 디자인 상품의 경쟁력이 될 것임을 확신했기 때문이다.

　그런 문화적 경험은 단번에 눈에 띄게 드러나지는 않지만 천천히 그 사람의 행동 양식에 스며들어 그 사람의 선택과 의도, 창작물의 수준에 결정적인 영향을 미치게 된다. 카카오의 조수용 공동 대표이사는 "멋진 브랜드는 내가 깊이 좋아했던 경험을 바탕으로 만들어진다"라고 말했다. 그러기 위해서는 내가 언제, 무엇을, 왜 좋아했는지 끝까지 파고들어 그 상황을 굉장히 구체적으로 상상해야 한다. 결국 내가 좋았던 경험이 브랜드의 지향점이 된다는 것이다. 박영춘 회장은 스스로도 경험에 투자를 아끼지 않는 삶을 살았다. 그런 경험의 결과물로 사람들이 열광하는 상품을 만들어 큰 성공을 거둔 바가 있기 때문에 직원들의 다양한 경험에 과감히 투자할 수 있었다.

박영춘 회장은 을지로2가 회계 사무소 3층에 일본 산리오의 인형의 집 콘셉트로 디자인실 공간을 따로 꾸몄다. 예쁜 공간에서 예쁜 상품이 나온다는 판단에서다. 1985년 바른손팬시 캐릭터팀에 디자이너로 입사한 이설호 씨는 사무실에 들어서는 순간, 동화 「헨젤과 그레텔」 속의 과자로 만든 집에 들어온 것 같았다고 말했다. 연한 베이지색 카펫이 바닥에 깔려 있고, 짙은 핑크색 지붕이 파티션마다 달려 있었다. 천장에 설치된 스피커에서는 하루 종일 클래식 음악이 흘러나왔다. 도서실에는 커다란 테이블이 있었고, 참고 자료를 자유롭게 찾아볼 수 있었는데 세계 각국의 동화책, 그림과 관련된 책, 디자인 샘플 북 등이 다양하게 갖춰져 있었다. 당시 국내에서는 쉽게 구해 볼 수 없는 디자인 문구 샘플들이 수북하게 쌓여 있었다.

제조 공장 없는 최고의 제조 기업

바른손팬시는 설립 첫해에 손에 들고 다닐 수 있는 작은 다이어리와 노트를 출시했는데, 시장에 풀리자마자 20만 개가 팔려 나갔다. 1년 후 디자이너를 10명으로 확충하고 다이어리 노트 등 종이 제품, 봉제 인형, 포장지, 잡화 상품 등등으로 상품 구성을 확대해 나갔다. 한 개를 만들면 열 개가 주문이 들어오는 일이 많았고, 물량 수급을 맞추기 위해 옵셋 인쇄 대신 그라비아 인쇄 방식으로 편지지를 찍어냈다. 수입 디자인 문구만큼 뛰어난 디자인에 적절한 가격대로 출시된 바른손팬시 상품은 소비자의 마음을 단번에 사로잡으며 성공적인 데뷔전을 치렀다. 1970년에 바른손카드가 그랬던 것처럼 말이다.

바른손팬시는 처음부터 자체적인 제조 공장이 없었다. 디자인 기획안을 가지고 품질 좋은 제품을 함께 만들어낼 협력 업체를 발굴해 제조를 맡겼다. 하지만 엄격한 품질 관리, 유통과 판매까지 그 모든 과정을 바른손팬시가 컨트롤했다. A연필 회사에 캐릭터 연필을 발주하면 A사의 일반 연필은 70원에 팔리는데 같은 회사에서 만든 바른손팬시 연필은 100원에 팔리는 시스템이었다. 첫해 매출액이 3억~4억 원이었는데, 자체 공장 하나 없는 회사에서 오픈 첫해에 이렇게 막대한 매출을 올릴 수 있다는 사실은 모든 관련 산업계 종사자들에게 충격을 주었다.

바른손팬시가 시장을 강타하고 나서야 사람들은 '한국에서도 이런 일이 가능하구나!' 깨달았다. 당시만 해도 독자적인 디자인을 개발하는 회사는 거의 없었고, 눈동냥 반, 귀동냥 반으로 디자인을 흉내 내는 경우가 대부분이었다. 일본 캐릭터를 살짝 베껴서 토끼 귀를 좀 길게 한 다음 리본을 붙이는 방식으로 소위 '짝퉁' 상품을 양산했다. 사용하는 색깔도 빨강, 파랑, 노랑, 검정 등 몇몇 원색이 고작이었다. 그때부터 A연필을 비롯한 8개 협력 업체는 팬시 부서를 따로 만들어 운영하기 시작했지만, 바른손팬시의 디자인 감각을 따라잡는 일은 불가능했다.

박영춘 회장의 남다른 미감과 자신의 마음에 들 때까지 수정에 수정을 거듭하는 완벽주의는 항상 최종 생산물의 질적 차이를 가져왔다. 무모하다고 볼 수 있을 정도로 디자인 부분에 과감한 투자를 계속해 나갔다. 제조 시설이 아니라 자사 직원들의 아름다움을 보는 눈을 키우는 데 투자한 것이다. 그 결과 바른손팬시는 대한민국 최초의 디자인 기획 회사로서 성공적인 첫 발걸음을 뗀다.

캐릭터에 한국의 혼을 담다, 금다래 신머루

박영춘 회장은 바른손팬시 설립 단계에서부터 디자인이 핵심 경영 요소임을 전 임직원에게 강조했다. 아무리 최고의 디자이너들을 고용해도 어떤 것을 상품화할지 최종적인 판단은 경영자의 몫으로 남는다. 당시 박영춘 회장의 디자인에 대한 예민한 감각은 업계에 널리 알려져 있었다. 특히 그는 한국의 건축, 한국의 연못, 한국의 음식, 한반도에 자생하는 나무 등에 정통했으며, 한국인 내면에 깊이 깔려 있는 정서와 미감을 좋아했다. 강원도 출신으로 산악회 활동을 하며 자신이 자연의 일부임을 늘 잊지 않았던 그는 바른손의 생산품에도 한국의 미가 자연스럽게 흘러들기를 바랐다. 1960~70년대 한국의 근대화, 산업회의 시기에 대대로 이어져 온 우리만의 아름다움이 한순간에 사라져버린 것을 안타까워했다. 디자이너가 자국 문화를 이해하지 못하면 좋은 디자인이 나오기 힘들다고 생각했다.

그는 일반적으로 사용하는 색감보다는 우리나라 자연에서 봤던 안 써본 색을 표현하려 애썼다. 고궁에 가서 오래된 경첩 같은 걸 보고 그 아름다운 형태에 반해 제품 디자인에 응용하기도 했다. 우리만의 디자인, 우리만의 아이덴티티가 필요하다고 생각한 그는 일기장 사이사이에 넣는 그림도 한국인들이 편안하게 느끼는 색상을 주로 사용했다. 복식 박물관에 가서 여성복에 쓰인 색에서 영감을 받아 자연물을 빼고 물들여서 만든 천연 안료를 제품 제작에 사용하기도 했다. 천연 색상을 예민하게 가려낼 줄 알았고, 안료를 전문적으로 수집했다. 이런 그의 철학은 바른손팬시 상품 디자인 곳곳에 스며들어 한국 전통문화가 담뿍 배어 있는 캐릭터 '금다래 신머루'를 만들어내기에 이른다.

1989년 탄생한 금다래 신머루는 한국 디자인 역사에 전무후무한, 전통문화가 담긴 캐릭터다. 야무진 여자아이 금다래와 어수룩한 신머루의 아기자기한 사랑 이야기를 우리나라 사계절에 맞게 표현해 냈다. 캐릭터 개발에 착수했던 당시는 1988년 서울올림픽이 열리기 직전이어서 우리 문화를 다시 찾아야 한다는 사회 분위기가 확산되고 있었다. 박영춘 회장은 어디에 내놔도 한국에서 만든 것임을 알 수 있는 우리의 캐릭터를 기획했다.

캐릭터 디자이너 이설호는 금다래 신머루를 디자인하면서 경기도 안성에 있는 디근자 기와집에서 보낸 어린 시절을 떠올렸다. 집 근처에 지천이던 살구나무, 앵두나무, 탱자나무 사이에서 놀던 추억이 금다래 신머루 이야기에 고스란히 담겼다. 자연스러운 돌이나 나무 느낌이 나게 와트만지를 깔고 그림을 그렸다. 전주 한지에서 나는 고상하면서도 친근한 색깔을 공들여 찾아냈다. 차가운 질감의 철제 필통에 따뜻한 느낌을 내기 위해 한지를 먼저 인쇄하고 그 위에 색을 입혔다. 인쇄할 때 비용과 공이 많이 들었지만 박영춘 회장은 퀄리티를 위한 투자를 기꺼이 감수했다. 결국 금다래 신머루는 당시 바른손팬시에서 라이선스 비용을 지불하고 사용하던 스누피 상품의 매출을 뛰어넘는 대성공을 거두었다. 우리가 개발한 순수 국내 캐릭터가 수입 캐릭터를 뛰어넘었다는 사실이 이슈가 돼서 이설호 디자이너는 MBC 〈뉴스데스크〉에 출연하기도 했다.

가슴을 뛰게 하는 것이 정답이다

카카오의 조수용 공동 대표는 크리에이티브한 사람이란 "나의 이야기를 구체적으로 하는 사람"이라고 정의한다. 구체적으로 이야기하려면 살짝 좋아하면 안 되고 정말 많이 좋아해야 한다. 정말 좋아하는 사람만이 구체적인 질감, 구체적인 색채, 구체적인 냄새, 구체적인 음색을 구별해 낼 수 있기 때문이다. 내가 정말 좋아하는 것을 디테일하게 구현하는 것이 창의적인 브랜딩의 핵심이라고 그는 말한다.

금다래 신머루라는 캐릭터에는 디자이너 이설호의 어린 시절 경험이 고스란히 담겨 있었다. 그의 기억에 오랫동안 남아 있던 아름다운 이야기를 구체적으로 풀어냈기에 금다래 신머루는 많은 사람의 마음을 움직일 수 있었다.

액션 카메라 고프로를 개발해 20대에 세계 최고의 거부 대열에 오른 닉 우드먼도 자기 자신의 삶에서 영감을 얻은 아이템으로 큰 성공을 거머쥐었다. 그는 고프로 이전에 두 번의 온라인 마케팅 업체를 창업했지만 모두 실패하고 말았다. 미국 캘리포니아 출신답게 서핑 마니아인 그는 머리를 식히고 영감을 얻을 겸 5개월간 호주와 인도네시아로 서핑 여행을 떠났다. 여행 중 문득 서핑 하는 자신의 모습을 촬영하고 싶다는 생각이 들었다. 서퍼용 1회용 카메라를 손목에 묶어 사용했는데, 그 어느 때보다 훌륭한 앵글의 사진을 얻을 수 있었다. 그러다가 '다른 서퍼들도 이런 카메라를 좋아할 텐데!'라는 생각이 그의 머릿속을 번쩍 스쳤다.

미국으로 돌아온 후 2년 동안 세계의 카메라 무역 박람회를 다니며 팔에 묶을 수 있을 정도로 가볍고 단단한 카메라를 찾았다. 마침내 비슷한 스펙의 카메라를 한 중국 제조업체의 부스에서 발견했다. 그렇게 26세 서퍼 닉 우드먼이 고안한 첫 번째 고프로는 첫 출시부터 스포츠 마니아들에게 폭발적인 사랑을 받았다. 철저하게 닉 우드먼 자신의 필요에서 만들어진 고프로는 여전히 수많은 스포츠 마니아와 영화인에게 영감을 주고 있다.

어떤 사업을 시작할까 고민된다면 가장 먼저 살펴봐야 할 것은 세상이 아니라 나 자신일 것이다. 내가 가슴 뛰는 일, 나에게 절실히 필요한 것에 다른 사람들도 함께 열광할 가능성이 높다.

아름다움에 대한 집념

바른손팬시의 사업 목적은 자체 제작한 캐릭터로 보기 좋게 디자인한 상품만을 파는 것이 아니었다. 이 상품을 사용하는 소비자들, 특히 아이들로 하여금 아름다움에 대해 눈뜨게 했으면 좋겠다는 마음을 언제나 바탕에 두고 있었다. 사소한 컬러 선택에서도 아이들에게 좋지 않은 영향을 미칠수 있는 것들은 최대한 지양했다. 사람들을 편안하게 할 수있는 디자인, 아름답다고 느끼게 할 수 있는 요소를 녹여내길 바랐다. 상품을 판매하는 것이 목적이 아니라 소비자가상품을 사용했을 때 제작자가 의도한 대로 아름다움을 경험하는 것 자체를 목적으로 삼았다.

특히 바른손팬시 자체 캐릭터가 아이들에게 꿈과 희망을 줄 수 있는 이야기를 계속해서 풀어낼 수 있도록 했다. 자체 카피라이터를 고용해 캐릭터와 함께 짤막한 대화와 이야기를 함께 실었다. 박영춘 회장은 늘 아름다움 그 자체를 즐겼다. 직접 만지고, 그리고, 나무를 심고, 사람들과 토론하는 과정 자체가 그의 행복이었다.

바른손에서 디자인 고문으로 활동했던 디자이너 김현

에 따르면 '올해 어떤 상품이 히트 칠까'를 두고 다 같이 투표를 한 뒤 결과를 보면 박영춘 회장의 적중률이 가장 높았다고 한다. 그는 트렌드를 감지하는 능력이 거의 동물적으로 발달해서 다른 사람이 뭘 원하는지 실무자보다도 제일 정확하게 알았다. 프로 디자이너보다 더 예리하고 정확하게 디자인을 짚어내고, 섬세하게 수정을 지시하는 감각이 놀라운 수준이었다고 한다. '어떤 디자인의 상품을 얼마에 팔 것인가'를 결정하는 것이 무엇보다 중요한데, 박 회장은 디자인과 가격 사이의 아슬아슬한 줄타기를 완벽하게 해냈다.

2 일등의 숙명, 새로움을 창조하라

바른손은 1983년 최초의 디자인 기획 회사로
제2의 창업을 한 이후 1998년 두 번째 부도
처리가 될 때까지 약 15년 이상 업계 일등 자리를
고수했다. 미투 기업들이 바른손의 창의적인
디자인 문구 제품을 카피해 더 저렴한 가격에
양산하는 패턴이 반복됐음에도 불구하고
바른손은 계속 일등 기업의 자리를 고수할 수
있었다. 새로움을 창조하는 일을 두려워하지
않았기 때문이다.

새로운 소비 트렌드를 리드하다

초기 바른손팬시의 제품은 창신동에 있던 문구 도매상을 통해 일반 소매 문구점에 팔렸다. 첫해에는 노트, 편지지, 다이어리 등 종이 제품에 집중하다가 점차 봉제 인형, 잡화 등 다양한 제품군을 갖춰갔다.

바른손팬시를 창업한 지 3년 만에 성신여대 앞에 '팬시가든'이라는 단독 매장을 오픈했다. 자체적인 디자인 콘셉트를 가시고 인테리어와 디스플레이를 한 디자인 문구 매장은 한국에는 없던 개념이었다. 파스텔 톤의 보라색과 분홍색을 사용한 세련된 인테리어로 매장을 꾸몄다. 저렴한 가격에 수입품만큼 예쁜 디자인 상품을 살 수 있다는 입소문이 청소년들 사이에 빠르게 퍼졌다. 오픈 첫날부터 매장 안이 사람들로 가득 찰 정도로 큰 인기를 끌었다. 처음에는 2/3 정도가 바른손팬시 자체 상품, 나머지는 일본 수입품으로 채워졌는데 시간이 지나면서 점차 바른손팬시 상품으로

만 매장을 꾸렸다.

팬시가든 오픈은 우리나라에 선물용 디자인 문구 상품이라는 뜻의 '팬시'라는 말을 보급시키는 결정적인 계기가 됐다. 한국에는 없던 새로운 소비 트렌드를 만들어낸 것이다. 팬시가든 성신여대점이 공전의 히트를 기록하자 남영동과 홍대 앞에도 팬시가든 매장을 내고 전국에 프랜차이즈 대리점 유통망을 꾸렸다. 1989년에는 100여 개의 체인 매장이 성업할 정도로 팬시가든은 전국적으로 인기가 높았다. 우리나라 문구 시장에서 최초의 직영 유통 시스템으로, 자체적인 디자인으로 상품을 제작해서 유통과 판매까지 일괄적으로 컨트롤했다.

바른손팬시가 출범한 지 10여 년이 지난 1990년대 초에는 자체 디자이너 수가 120명에 달했고, 협력 업체도 450개로 늘어났다. 당시 한 해 매출은 600억 원을 기록했다. 바른손팬시의 활약 덕분에 문구 업계에 '디자인 시장'이 생겼다. 우리 생활과 관련되어 있는 거의 모든 상품에 디자인 요소를 접목하면서 '아, 우리 업계에도 디자이너가 필요하구나!' 하고 기업가들이 새롭게 깨닫는 계기가 됐다.

바른손팬시가 처음 생길 때만 해도 '디자이너'가 아니

라 '도안사'라고 불렸다. 대부분의 기업이 외국 제품의 디자인을 베끼기 바빴는데, 바른손은 자체적으로 디자이너를 모집하고 직접 교육시켜서 시장을 선도했다. 창조적인 작업에 어울리도록 사무실을 예쁘게 인테리어 하고, 모든 디자이너에게 매킨토시 PC를 한 대씩 지급했으며, 학교에서도 사용해 보지 못한 다양한 프로그램을 활용하게 했다. 바른손팬시에서 7년간 근무하며 캐릭터팀장을 맡았던 디자이너 이설호는 바른손은 디자이너에게 최고의 직장이었다고 말했다.

"하루 종일 도서실에서 책을 들여다보고, 음악을 듣고, 그림을 그리다가 퇴근할 즈음이면 회장님께서 밥을 사주셨어요. 프랑스 문화원에 가서 프랑스 동화, 프랑스 영화를 마음껏 보다가 와도 절대 어디 다녀왔느냐고 타박하는 일이 없으셨어요. 무언가 나올 때까지 저를 믿고 맡겨주셨죠. 다른 사람들이 무를 심고 배추를 심을 때 박 회장님은 긴 호흡으로 보기도 좋고 맛도 좋은 열매가 열리는 나무를 심으셨던 것 같아요."

바른손은 시각디자인을 전공한 대학생들이 가장 먼저 가고 싶어 하는 꿈의 직장으로 떠올랐다. 산업 진빈적으로 디자이너의 역할이 굉장히 미미하던 시절, 바른손은 디자이너를 우리 사회의 중요한 직업군으로 자리매김하도록 도왔다.

새로운 시도가 시장을 넓힌다

애플의 CDOChief Design Officer 조너선 아이브는 "차별화를 두는 것은 쉽지만, 더 잘하는 것은 어렵다It's very easy to be different, but very difficult to be better"라고 말했다. 1980~90년대 바른손은 카드 산업과 문구 산업에서 압도적인 일등 기업이었다. 그렇게 오랜 시간 동안 일등을 유지하는 것은 결코 쉽지 않은 일이다. 후발 주자들이 바른손의 상품을 카피해서 더 싸게, 대량으로 유통시키는 일이 많았기 때문이다. 바른손에서 일하던 사람들이 독립해서 새로운 사업체를 차리는 경우도 많았다. 하지만 새롭게 시장에 진입하는 기업을 막을 수 없기 때문에 일등 기업은 손해를 보더라도 숙명적으로 새로운 시도를 멈출 수 없다.

새로운 시장을 개척하는 것이 바른손의 역할이었고, 시도가 거듭될수록 문구 산업의 영역은 계속 넓어졌다. 결과적으로 대한민국 문구 시장은 일본의 거대 문구 기업과 대항하기에 충분한 경쟁력을 갖춘 산업군으로 성장하게 된다. 예를 들어 헬로키티를 메인 캐릭터로 내세운 산리오는 1990년대 홍콩과 싱가포르, 중국 등 거의 모든 아시아 지역의 문구 시장에 성공적으로 진출했다. 하지만 한국 문구 시장에는 IMF 사태 이후에야 한발 늦게 진입할 수 있었던 사실이 이를 방증한다.

박영춘 회장은 새로운 것에 곧잘 매혹됐다. 그의 이런 성향이 바른손의 진취적인 행보를 가능하게 했다. 다른 직원들이 반대하는 누군가의 제안도 새롭고 시도할 만한 가치가 있다면 든든하게 지원해 줬다. 과묵하게 주어진 일만 하는 사람보다는 '이렇게 해보겠다', '저렇게 해보겠다' 하며 새롭게 제안하고 자신의 의견을 주장하는 사람을 더욱 귀하게 여겼다. 새로운 시도를 했다가 실패해도 그에게 잘못을 묻지 않았다. 그래야 더 많은 직원이 새로운 도전을 할 수 있다고 생각했기 때문이다. 실패해도 그 실패가 또 다른 시도를 하는 계기가 된다는 것을 본인이 몸소 겪어왔기 때문에 가능한 일이었다.

박 회장의 장녀인 비핸즈의 박소연 대표는 "아버지는 구석에서 조용히 일 잘하는 사람은 없다고 말씀히 셨어요.

천방지축, 들쑥날쑥 일을 해야 잘하는 거라고 생각하셨어요"라고 말했다.

그러나 내가 어디에 다음 발걸음을 딛을 것인지 늘 미리 알고 발을 떼야 한다. 그렇지 않으면 갈지자걸음을 걷다가 발을 헛딛기 일쑤다. 바른손팬시의 신순규 이사는 "박영춘 회장님은 다른 사람들 모르게 숨겨놓은 3년 치 비장의 카드를 늘 머릿속에 가지고 계셨다"고 말했다.

박 회장은 늘 지금 당장 내가 잘할 수 있는 걸 하면서 다음을 준비했다. 자신이 잘할 수 있는 금속판 조각 기술을 연구해서 을지로 인쇄 업계에서 인정을 받았다. 그것을 바탕으로 제조업을 시작하기로 마음먹고 카드 산업에 도전했다. 그러면서 점점 종이 제품으로 영역을 확대하다가 디자인 문구 산업에 새롭게 뛰어들었다. 허황되게 새로운 것만을 좇지 않고, 이 단계를 넘어서는 다음 계획을 늘 마음속에 품고 있었다. 늘 지금 내 삶에서 가슴 뛰게 하는 것을 기준점으로 삼고 그 범위 안에서 차곡차곡 새로운 시도를 해나갔다.

배움을 멈추지 않는다

새로운 계획은 새로운 경험과 배움에서 나온다. 일등 기업일 수록 끊임없이 새롭게 배우고 경험해야 하는 이유다. 기업의 대표들은 대부분 그 분야에서 일가를 이룬 사람이기 때문에 '내가 다 해봐서 제일 잘 알아'라고 생각하기 쉽다. 그래서 대부분의 중소기업에서는 대표가 결정하는 대로 따라가는 일이 잦다. 반면 박영춘 회장은 기본적으로 본인의 감각을 신뢰하지만, 더 나은 기업으로부터 배우는 것에 주저함이 없었다.

그는 바른손카드가 국내에서 부동의 일등 카드 기업으로 자리 잡고 있는 상황에서도 1987년 홀마크, 1995년 아메리칸 그리팅스와 제휴를 맺고 그들의 선진 시스템을 도입하고자 했다. 사실 당시 국내에서 바른손카드의 인지도는 압도적이었기 때문에 홀마크라는 브랜드가 딱히 필요하지 않은 상황이었다. 그런데도 그는 선진 기업의 시스템을 배우기 위해 미국 회사들과 제휴를 맺었다.

미국의 카드 기업은 제품을 생산하기 전 시장 조사를 철저히 해서 재고를 최소화하는 방식을 적용하고 있었다.

시즌에 맞는 카드 샘플을 미리 만들어서 일부 매장에서 테스트 판매를 한다. 카드별 매출 결과 순위대로 생산량을 조절하면 그만큼 재고 부담을 줄일 수 있다. 잘 팔리는 카드의 장점을 분석해서 다른 카드를 리뉴얼할 때 적용한다. 박 회장은 이런 과학적인 생산 시스템을 도입하고 받아들이기 위해 많은 로열티를 지불하는 것을 아끼지 않았다.

자신은 물론이고 바른손의 디자이너, 영업 인력까지 끊임없이 해외 출장을 다니며 박람회에서 산업계의 최신 경향을 경험함으로써 새로운 영감을 얻도록 했다. 바른손에서 일하면 디자이너 자신의 안목을 높일 수 있는 기회가 충분히 주어졌다. 선진국의 카드, 문구 시장의 새로운 기술을 도입하고 적용하는 데 주저함이 없었다. 이는 디자이너들에게 바른손 디자인실이 최고의 직장이라 손꼽히는 이유이기도 했다.

바른손은 자료 보관에도 굉장히 신경을 많이 썼는데, 중소기업임에도 불구하고 자료실에 사서를 두고 철저하게 관리했다. 내부 경험이 많은 직원이 사서와 함께 일하며 어떤 책이 어떤 업무에 활용될 수 있는지 동료들에게 안내하도록 했다.

박 회장 스스로도 감각을 기르는 공부를 게을리하지 않았다. 일주일에 한 번씩 이대 앞 스튜디오에서 사내 디자이너들과 함께 크로키를 직접 그렸다. 책을 많이 읽고 독서 모임을 하면서 다른 사람들의 생각을 접하는 일을 꾸준히 했다. 관심 있는 저자의 강의도 챙겨서 들으며 항상 객관적인 관점을 유지하기 위해 노력했다.

3 0.1cm로 싸우는 사람

'완벽주의'를 외치는 기업은 많지만 실제로
완벽한 제품을 꾸준히 만들어낼 수 있는
기업은 드물다. 철저한 기준을 세우고, 그 어떤
상황에서도 타협하지 않고 원칙을 지키는 일은
일등 기업과 그렇지 않은 수많은 경쟁자를
가르는 마지막 '한 끗 차이'가 된다. 작은 지우개
하나도 10여 번의 수정 과정을 거친 후에야
출시하는 바른손의 지난한 제작 과정은 완벽한
제품만 시장에 내보낸다는 박영춘 회장의
원칙이 있었기에 가능했다.

꾸준한 완벽함! 일등 기업의 한 끗 차이

디자인하우스 이영혜 대표는 박영춘 회장을 '0.1cm로 싸우는 사람'이라고 표현한다. 디테일에 대한 집중력과 집념이 남달랐던 그는 일반인은 쉽게 지나칠 작은 실수도 그냥 흘려보내지 않았다. "볍씨가 밥이 되기까지 여든여덟 번 이상의 손길이 필요하다. 이 과정에서 어느 한 번의 손길이 미치지 않아도 밥이 되지 못하거나 충실한 쌀이 되지 못한다", "물건을 만들 때 어느 한 과정도 소홀히 하지 않고 정성을 쏟아야 한다"고 늘 강조했다. 몇 번이고 고치고, 손질하고, 엄선한 디자인으로 생산한 최상의 제품만을 판매했다.

이런 장인 정신, 책임 의식이 곧 부가 가치로 연결된다는 것을 간파한 박 회장은 제품의 원가를 기준으로 가격을 결정하는 통념을 깨고 질을 기준으로 가격을 결정하는 방침을 도입했다. 소비자의 욕구와 시장의 환경을 정확하게 파악하고 디자인 선 하나하나에 혼을 싣는다면 그 정성이 결과물에 당연히 드러난다고 확신했다. 특히 소비자가 물건을 구입하는 순간까지 제품 관리에 더욱 만전을 기했다. 하자 있는 제품은 단 한 개도 입고시키지 않겠다는 목표로 철저한 검품, 섬세한 제품 보관과 운송을 원칙으로 삼았다.

이 원칙은 지우개 같은 아주 작은 제품이라도 예외 없이 적용됐다. 수백 가지 제품을 출시하던 시기에도 박 회장은 자신의 기준에 맞는 퀄리티의 디자인이 나올 때까지 절대로 일을 진행하는 법이 없었다. 늘 폰트 사이즈, 컬러, 레이아웃 등 디자인 디테일을 꼼꼼하게 점검했다.

보통의 디자인 책임자라면 '이렇게 작은 것까지 컨트롤하면 디자이너의 자존심을 건드릴 수도 있어. 이번 건은 그냥 넘어가자'라고 생각할 수도 있을 법한 것도 박 회장은 '다시', '다시', '다시' 수정할 것을 요구했다. 지우개 디자인 하나로 열 번 넘게 감수 과정을 거치기도 했다. 그는 '나의 지나치다 싶게 높은 기준을 만족하는 상품은 고객을 감동시킬 수밖에 없다'고 생각했고, 그 생각을 그대로 행동으로 옮겼다.

거장과 보통 사람의 차이는 어디에서 나올까? 독일의 근대 건축가 미스 반 데어 로에는 "신은 디테일에 있다God is in the detail"는 말로 작은 것에 혼신의 힘을 기울이는 것이 장인 정신임을 강조했다. 1등과 2등의 차이는 의외로 크지 않다. 마지막 순간 아주 작은 것까지 자신만의 기준을 포기하지 않는 집념이 결국 1등과 2등을 가르게 된다. 누구나 '완벽주의'라는 말은 쉽게 한다. 그러나 정말 완벽하게 자신의 창조물에 정성을 들이는 사람은 많지 않다.

30만 원짜리 미슐랭 스타 레스토랑 음식이 맛있을 거라고 누구나 예상할 수 있다. 그러나 정갈한 6000원짜리 국밥을 우연히 맛보았을 때의 감동은 쉽게 잊을 수 없다. 내가 할 수 있는 최선의 것을 선보일 때 소비자는 감동하게 되고, 장기적인 성공은 자연히 따라온다. 더더욱 그 일을 10년, 20년 계속해 나갈 수 있는 지구력을 가진 사람은 정말 소수다. 오늘 찾아왔던 손님이 다음 달에, 또 그다음 해에 방문했을 때 똑같은 맛의 음식을 내는 것. 누구나 알지만 결코 아무나 할 수 없는 일이다.

박영춘 회장 그리고 바른손 120여 명의 디자이너는 20년 가까이 그런 꾸준함과 완벽주의로 대한민국 대중의 디자인 기준을 한 단계 높이는 데 성공했다.

경험을 기획하라

까다로운 기준으로 바른손의 제품을 만들어냈듯이, 박영춘 회장은 업계의 뛰어난 전문가와 주로 교류했다. 사업가들은 보통 은행장, 세무서 간부 등 비지니스에 필요한 사람을 만나며 도움을 주고받지만, 그는 주로 예술적으로 교감할 수 있는 사람들과 어울렸다. 디자이너 김현, 디자인하우스 이영혜 대표, 건축가 이종호 소장, 닥종이 인형 김영희 작가 등이 바로 그들이다. 그는 문화적으로 뛰어난 사람들과 격의 없이 어울리면서 미적 영감을 받았다. 이 인적 네트워크를 사업에 어떻게 활용하겠다는 계획 없이 함께 경험을 나누는 것만으로도 모든 것이 충족되는 시간이었다.

디자인하우스 이영혜 대표는 "박영춘 회장은 1980년대 보기 드문 '파티 메이커'였다"고 말한다. 그는 자신이 기획한 시퀀스대로 다른 사람이 즐거운 시간을 보내는 것 자체를 즐겼다. 자신이 짜놓은 동선에 따라 즐거운 경험이 이어지는지 섬세하게 관찰하는 것을 잊지 않았다. 무언가 생각한 대로 이루어지지 않으면 다음번에는 꼭 그것을 수정해서 다시 사람들을 초대하곤 했다. 새로운 것을 만들었을 때 사람들이 그것을 즐기는 모습 자체에 희열감을 느꼈기 때문에 지인들과 함께 시간을 보낼 때도 늘 새로운 경험을 나누고 싶어 했다.

박영춘 회장은 30여 년 전에 이미 즐거운 경험을 기획하는 것의 기쁨을 잘 알고 있었다. 다른 사람들과 새롭고 아름다운 경험을 공유하고자 하는 박 회장의 열정은 사업 이외의 다른 공익사업을 통해서도 표현됐다. 한국시각디자인 협회의 고문으로 있으면서 오랜 기간 후원을 아끼지 않았고, 춘천인형극제도 바른손에서 9년 동안 후원을 했다. 꽤 많은 금액을 지원하고 생산, 광고, 포스터 디자인 등 실무 인력도 파견해서 일을 도왔다. 당시 회사의 핵심 인력으로 박 회장의 총애를 한 몸에 받고 있던 박병순 씨도 여름휴가 때마다 춘천인형극제에 파견을 나가 현장 일을 도왔다고 말한다. 장기적으로 지방에 수준 있는 축제가 열렸으면 좋겠다는 생각을 하고 있던 중 자연스럽게 인연이 닿았다. 바른손의 주요 고객층인 아동·청소년들을 위한 사회 공헌의 측면에서도 의미 있는 일이었다. 춘천인형극제는 우리나라 7대 축제에 선정되는 눈부신 성장을 보였다.

내가 하는 일, 내가 만나는 사람을 도구로 삼지 않고 만

남 자체를 목적으로 하는 박 회장의 행보는 스스로는 물론

이고 주변 사람들의 삶을 풍성하게 했다.

4 창의적인 업무를 위한 수평적인 조직

1980년대 한국의 기업은 대부분 상명하달이
생명인 관료적 형태를 띠고 있었다. 디자인이나
미디어, 교육 등 창의적인 일을 하는 조직에서도
아무 의심 없이 관료제의 관습을 따랐다.
그러나 바른손은 그것이 디자인 기획 회사에
맞는 조직 구조인지 의심했다. "상사의 명령만을
성실하게 따르는 디자이너가 창의적인 제품을
디자인할 수 있을까?"

관료제는 자유로운 의사소통을 막는다

대한민국 관료제에서는 직함이 13개에 달한다고 한다. 사원, 주임, 대리, 과장, 차장, 부장 이런 식으로 계속 올라가다 보면 결재 하나 받으려고 해도 열흘이 걸리는 것이 현실이다. 위에서 아래로 지시가 내려지는 일은 일상적이지만, 아래의 의견이 위에까지 올라가려면 너무나 많은 사다리를 거쳐야만 한다. 그러다가 결국 중간에 사장되기 일쑤다.

보수적인 일을 하는 기업에서라면 관료제가 효율적인 시스템일 수 있다. 하지만 바른손처럼 창의적인 일을 하는 조직이라면 이런 기업 구조는 구성원 간의 수평적인 의사소통의 길을 가로막아 치명적인 결과를 불러일으킬 수 있다. 디자인은 사람들 간의 커뮤니케이션을 통해 발전하기 때문이다. 바른손은 창업 초기에 기존의 관료제 시스템을 그대로 받아들였지만, 시간이 지날수록 많은 문제점이 있다는 사실을 깨달았다.

1988년, 바른손은 한국 기업으로는 드물게 수평적인 기업 문화를 전격적으로 도입했다. 디자이너, 치프 디자이너, 아트 디렉터, 크리에이티브 디렉터, 이렇게 4개의 직함으로 단순화했다. 조직 구조가 바뀌자 직원들의 사고 자체가 조금씩 자유로워졌다. '가방은 이래야 한다', '필기구는 이래야 한다' 등의 통념에서 벗어나 새로운 제안의 물꼬가 트였다. 새로운 제안은 곧 새로운 상품으로 이어졌고, 고객들은 바른손 제품에 열광했다. 파격적인 디자인을 시도하는 것은 그 시장의 리더만 할 수 있는 일이었다. 바른손 상표가 찍혀 있기 때문에 소비자들은 신뢰를 가지고 혁신적인 상품을 구입하는 모험을 시도할 수 있었다.

특히 수평적인 의견이 오갈 수 있는 브레인스토밍 회의는 실질적인 제품 디자인의 질을 향상시키는 결과를 가져왔다. 몇몇 디자이너를 한 팀으로 묶어서 각자 자신의 아이템을 프레젠테이션 하면 다른 사람들의 비평을 듣는 형식으로 진행됐다. 디자인이 창작자 자신 안에만 있을 때는 아직 온전히 존재한다고 말하기는 힘들다. 여러 사람의 시각을 접하면 더 넓은 가능성을 보게 된다. 상처를 받지 않으려고 감추고 숨기면 성장할 수 없다. 때로는 정말 직설적인 평가가 오가기도 했지만, 바른손 출신 디자이너들은 이 회의가 자신만의 세계를 깨고 한 단계 더 성장할 수 있는 기회가 되었다고 입을 모았다.

반면 비평만 일삼고 뛰어난 디자인을 인정해 주지 않으면 디자이너는 더 이상 좋은 기획을 시도하기를 포기할 수도 있다. 1986년 바른손 1기 공채 사원으로 입사해 10여 년간 근속했던 박병순 씨는 박영춘 회장은 실력이 빼어난 사람의 의견은 믿어주는 스타일이었다고 말했다. 반면 아무리 제안을 해도 상품이 채택되지 않고 계속 수정을 요구받는다면 바른손만큼 힘든 직장도 없었다.

박영춘 회장의 까다로운 품질 기준을 통과하느냐, 하지 못하느냐가 바로 그 기준이었다. 그것이 독창적이고 빼어나다면 디자이너 자신을 충분히 표현할 수 있는 가능성은 언제나 열려 있었다. 일 잘하는 사람에게는 성장 가능성이 무한했던 직장이 바로 바른손이었다.

5 국내 최초, 캐릭터 사업을 시작하다

"나는 말을 막 배운 아이들이 '금다래 신머루'가

디자인된 지우개를 보면서 그 안에 담긴 수많은

이야기를 들춰내는 것을 큰 감동과 경이로

대하곤 합니다."

— 1993년 바른손의 경영 철학 문서 중에서

디자인 나라 대한민국을 꿈꾸다

바른손팬시는 캐릭터 디자인 산업의 개척자다. 경쟁 업체들이 색감과 그래픽 디자인 위주의 제품을 개발하거나 디즈니풍, 일본풍 해외 캐릭터를 모사했던 것과는 달리, 바른손팬시는 자체적인 캐릭터를 꾸준히 개발해서 모든 상품군에 활발히 활용해 왔다. 자체 캐릭터가 인기를 끌자 바른손은 국내 최초로 캐릭터 라이선스 사업에 뛰어들었다. 어른은 빨간 내복, 아이는 흰색 내복이 전부였던 내복 시장에 최초로 캐릭터를 도입한 것을 시작으로 여러 업체에 콘텐츠를 팔아나갔다. 디자인 소프트웨어만으로 부가 수익을 올리는 한국적 모델을 최초로 시장에 제안했다.

69세 미키 마우스가

작년 한 해 우리나라에서 가져간 돈은 약 100억 원

도날드를 비롯한 그의 친척들이

1년에 전 세계에서 챙겨 간 돈은 약 11조 원

좋은 디자인 하나가 부자 나라를 만듭니다.

바른손은 1993년부터 자체 개발 캐릭터인

'헬로디노'와 '떠버기'를 대만 등에 수출하고 있습니다.

전 세계 어린이들이 우리의 캐릭터 곁에서 잠드는 나라

디자인 나라 – 한국을 꿈꾸고 있습니다.

바른손팬시는 1990년대 중반 캐릭터 사업을 확장하며 도발적인 기업 PR 광고를 제작했다. 많은 비용을 들여 해외 캐릭터를 수입하기보다는 국내 캐릭터를 개발해 해외로 수출하자는 내용이었다. 당시 바른손팬시는 매년 디즈니에 엄청난 캐릭터 라이선스 비용을 지불하고 있었다. 이 광고가 신문에 게재되자 디즈니 코리아 사장이 바른손팬시의 캐릭터 라이선스 담당자를 불러 시대착오적인 생각을 가지고 있다며 모욕적인 언사를 서슴지 않았다.

바른손팬시는 이 사건을 계기로 디즈니 캐릭터와는 결별했다. 또 디즈니의 거래처 리스트를 확보해 바른손 자체 캐릭터를 라이선스하는 공격적인 영업을 펼쳐나갔다. IMF 당시 캐릭터 로열티를 내는 게 버거웠던 한국의 많은 기업은 디즈니 대신 바른손의 캐릭터를 선택했다.

　박영춘 회장은 특히 최초의 한국 전통 캐릭터인 '금다래 신머루'에 큰 애착을 가지고 있다. 우리 문화에 대한 높은 자긍심을 품고 있던 그는 한국적인 동양화에도 많은 관심을 가지고 민화를 수집해 왔다. 담백한 선이 살아 있는 목제 가구를 곁에 두고 그 안에서 자연스러운 아름다움을 발견하는 일을 즐겼다. 한국적인 아름다움에 대한 박 회장의 자부심은 곧 한국적인 캐릭터, 한국적인 색채, 한국적인 선을 적극적으로 발굴하고 상품화할 수 있는 원동력이었다. 특히 '금다래 신머루'나 '떠버기'처럼 토속적인 이름과 디자인의 캐릭터를 개발한 것은 한국 디자인사에서 높이 평가받을 만하다. 오직 바른손팬시만이 그런 시도를 했고, 이는 뚝심 있는 디자인 철학이 없으면 불가능한 일이었다.

부부보이 since 1985

바른손 최초의 자체 캐릭터. 덩치가 큰 부부보이는 항상 엄벙덤벙,

무슨 일을 하든지 실수투성이 얼룩소다. 무엇이든 좀 잘해 보려고 하면 넘어지고 떨어트리고, 거기다가 느리기까지 하다. 그래도 마음 만은 한없이 착해서 항상 베풀고 나눠주는 착한 친구. 후바부에게 늘 골탕 먹으면서도 가장 친한 친구로 지낸다.

리틀토미 since 1988

세상 모두를 사랑하고, 세상 모두와 이야기할 수 있는 사랑스런 꼬마 곰. 토미의 머릿속은 '뭘까?' '왜 그러지?' '어째서?' 이런 질문들로 가득하다. 때 묻지 않은 순수한 눈으로 세상을 보며 자연 속 작은 것들에게서 큰 기쁨을 발견한다.

금다래 신머루 since 1989

하루 종일 야무진 금다래, 눈만 뜨면 어수룩한 신머루의 꿈과 사랑 이야기. 금다래와 신머루는 절친한 소꿉친구로 항상 같이 다닌다. 겁 많고 심술 많은 다래는 성미가 급해 동작이 느린 머루를 답답해 하지만 머루 없이는 한순간이 아쉬운 귀여운 변덕쟁이다. 둘은 항상 같이 지내며 아기자기한 사랑 이야기를 엮어간다.

떠버기 since 1990

알고 싶은 것도 많고, 하고 싶은 것도 많은 개구쟁이. 떠버기가 있는 곳은 어디든지 실수와 말썽 그리고 함박웃음이 끊이지 않는다. 작은 일에도 크게 웃으며, 감정 표현이 풍부한 떠버기! 순진하고 재미있는 표정을 지닌 떠버기는 세상을 보는 눈이 맑고 투명하다. 재미있는 표정과 몸짓으로 우울할 때, 슬플 때 기분을 즐겁게 만들어주는 좋은 친구다.

부비 since 1997

개나리를 닮은 노란 강아지 부비와 숲속 친구들의 따뜻한 이야기. 목말라하시는 해바라기 할아버지에게 시원한 물을 드리고, 바람에 꺾어진 어린 친구들을 일으켜 세워주는 부비. 자신보다 다른 친구들을 더 많이 생각하고 배려하는 사랑스러운 친구다.

선진적 시도, 디자인 브랜드의 확장

바른손팬시가 자체 유통망을 넓혀가면서 점차 시장을 선점하자 박영춘 회장은 초등학생 위주인 주요 소비층에서 벗어나 좀 더 다양한 타깃을 공략할 필요가 있다고 생각했다. 그래서 소비자들의 취향과 연령에 맞는 브랜드를 자체적으로 만들기로 결정했다. 회사에 브랜드 이름을 공모했는데 마땅한 것이 없어서 박 회장이 직접 '꼬마또래'라는 브랜드명을 고안했다. 초등학생을 타깃으로 한 브랜드 꼬마또래, 중·고등학생을 위한 브랜드 크리아트, 편안한 디자인의 생활용품 컨츄리하우스, 무인양품 스타일의 모던한 디자인의 실용선언 등 다양한 브랜드 상품이 출시됐다. 모든 브랜드는 팀 책임 제도로 운영됐는데, 당시로는 굉장히 선진적인 시도였다. 바른손팬시에 소니 출신의 CEO를 영입하면서 일본의 최신 조직 시스템을 받아들였던 것이다.

'실용선언' 브랜드 론칭을 이끌었던 박병순 씨는 처음 브랜드를 기획할 때 일본으로 출장을 가는데 "좋은 아이템을 찾기 전에 돌아오지 말라"는 이야기를 들었다고 한다. 당시 일본의 소비자들은 온갖 브랜드가 난립하는 상황에서 고가의 브랜드가 주는 충족감이 점점 낮아지고 오히려 피로도가 높아진 상태였다. 이에 대한 반작용으로 '브랜드가 없는 생활용품'이라는 뜻의 무인양품이 선풍적인 인기를 끌고 있었다. "모든 사람이 다 브랜드를 사용하고 있는데 그 흔한 마크를 위해 더 비싼 비용을 지불할 이유가 없지 않나요? 우리가 좋은 품질의 제품을 더 저렴하게 제공할 테니 우리 물건을 사시겠습니까?" 무인양품의 질문은 일본 소비자들의 마음을 사로잡았다.

바른손 TF팀은 무인양품의 모던한 디자인과 실용적인 철학에 깊이 공감하고 같은 콘셉트의 생활용품 브랜드를 한국에 론칭하기로 결정했다. 쉽게 싫증나지 않는 심플한 디자인을 표방한 제품을 생산해 단독 매장을 늘려갔다. 이처럼 바른손은 다양한 콘셉트의 브랜드를 확대하여 더 많은 타깃 고객에게 다가갈 수 있는 활로를 개척했다.

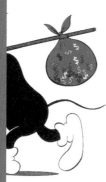

달러 도둑?

좋은 디자인 하나가 나라 경제를 키웁니다

우리에게 디자인이란 무엇일까
가난 된 어 주었다더라도 디자인이 좋으면 사는 게 즐거워진다
무엇가 바뀌었다면 느낌이 좋아진다
나에게 어울리려면 상황 가격이라도 더 사고싶다
좋은 디자인 하나가 무엇보다도 마음을 편다
벽으로도 되지 못한 작은 때 하나가 누군가의 마음에
설레게가 나오게게 디자인이 있어 좋은 것들이 곳곳 있습니다
디자인 나라 바른손 경제를 키우는 것입니다

디자인 나라
바른손

Barunson.

6 창조적인 조직을 위한 공간은 달라야 한다

1990년대 초, 서울 방배동에 새로운 사옥을
준비하던 박영춘 회장은 건축가 이종호 교수와
협력해 자신이 생각하는 아름다움의 기준에
부합하는 건축물을 지어 올렸다. 이 건물은
바른손이 추구하는 미적 기준을 물리적으로
보여주는 상징물로, 지금까지도 한국의 아름다운
건축물에 이름을 올리며 많은 사랑을 받고 있다.

미적 아이덴티티를 공간으로 형상화하다

1970년 창업한 바른손의 역사를 가장 상징적으로 보여주는 기념물은 1994년 방배동에 들어선 '바른손 사옥'이다. 2014년 타계한 한국예술종합학교 이종호 교수의 데뷔작이자 출세작으로, 1995년 김수근 문화상을 수상했다. 유동근, 황신혜가 출연했던 당대의 히트 드라마 〈애인〉에서 이벤트 PD 황신혜가 일하는 건물로 등장하며 유명세를 얻었다. 박영춘 회장은 30대 중반이던 이종호 교수를 발탁했는데 당시로서는 이례적인 결정이었다. 이제 갓 데뷔한 젊은 건축가를 믿고 큰 건축 프로젝트를 맡긴 것이다. 그때만 해도 건축가를 기용해서 예술적인 건물을 짓는 사람이 거의 없었다. 게다가 젊은 건축가를 기용한 것은 정말 파격이었다. 박 회장이 자신이 원하는 이상을 마음속에 뚜렷하게 품고 있었기 때문에 가능한 일이었다. 그는 자신의 확고한 미적 이상을 투영하기에는 젊고 유연한 생각을 가지고 있는 사람이 더 적합하다고 판단했다.

건축주가 열린 사고를 가지고 있어야 아름다운 건축물이 나올 수 있다. 박영춘 회장은 이종호 교수의 창의성을 인정하면서도 바른손이 추구하는 아름다움의 기준을 명확하게 표현했다. '창조적인 생각이 새롭게 일어나는 공간'을 위해 평소 마음에 담아두었던 건축 요소를 사진으로 찍어 레퍼런스로 제안하는 등 세세한 요구 사항을 제시했다. 이종호 교수는 때로는 박 회장의 제안을 수용하기도 하고, 때로는 대항하기도 하며 건물을 설계했다.

이종호 교수는 건축주에게 질문을 많이 하기로 유명하다. '손님이 많이 오는 건물인가, 뭘 하는 사람이 오는가, 연령대는 어떻게 되는가' 등 실제 건물의 용도에 관심이 많았다. 예쁘고 창의적으로 건물을 짓는 것도 중요하지만, 건물이 잘 사용됐으면 하는 건축가의 바람을 바른손 사옥에 섬세하게 담아냈다.

이런 협의 과정을 통해 두 사람이 추구하는 철학과 아름다움의 합이 잘 맞아떨어졌고, 방배동 바른손 사옥 작업을 통해 두 사람은 말이 잘 통하는 친구가 됐다. 박영춘 회장은 아름다움을 창조해 낼 수 있는 재능 있는 사람을 좋아했고, 이종호 교수는 그의 호감을 사기에 충분했다. 박 회장은 전문가의 예술적인 기질을 충분히 이해하고 그에 맞는 대가를 지불할 수 있는 사업가였다. 2008년 방북단에 합류해서 북한을 방문했을 때도 박영춘 회장과 이종호 교수는 함께했고, 이후 2008년 파주 바른손카드 신사옥, 박 회장의 강원도 인제 자택도 함께 작업했다.

방배동 바른손 사옥은 아직도 건축학도가 가장 먼저 공부해야 하는 이종호 교수의 대표작으로 알려져 있다.

많이 다니고 사보고 써볼 것!
경험치가 곧 당신의 안목이다

이영혜 디자인하우스 대표

「월간 디자인」, 「행복이 가득한 집」, 「맘&앙팡」 등을 발행하는 매거진 기업 디자인하우스의 수장 이영혜 대표는 지난 40년간 한국 디자인 역사의 중심에 있어온 인물이다. 그는 1980년 「월간 디자인」 창간 초기에 바른손 박영춘 회장을 인터뷰하면서 인연을 맺어 평생 친구가 되었다. 서로의 친구들과 어울려 인적 드문 바다에서 수영하고, 보랏빛 들꽃이 흐드러지게 피어 있는 들판을 함께 걸었다. 이 대표는 디자인 저변이 척박한 대한민국 산업 부흥기에 아름다움의 가치를 탐구했던 사업가로 박 회장을 기억한다. 그는 박 회장이 집요하게 다니고, 사보고, 써본 사람이며, 그런 풍부한 경험 덕분에 남다른 안목을 가지게 됐다고 말한다.

내가 인터뷰하러 가서 처음 뵀을 거예요. 지금도 박 회장님 사무실이 눈에 선해요. 오래된 타자기 컬렉션, 고가구들이 사무실 가득 놓여 있었어요. 보통 사람들은 무언가를 여기다가 놓으나 저기다가 놓으나 차이를 잘 몰라요. 그런데 박 회장님은 그 오브제와 환경과의 관계까지 섬세하게 조율하는 능력이 뛰어나요. 그래서 옛날부터 경치 좋은 곳에 시골집을 사두셨어요. 양양 바닷가에 있던 집이 아직도 생생하게 기억나요. 등산을 좋아하셔서 사람들과 함께 어울려 산에 갔다가 내려와서 집 앞 바다에 뛰어들어 수영하곤 했어요. 바지락을 주워서 국수와 함께 끓여 먹고요. 예전이나 지금이나 나는 요리는 잘 못해서 대신 테이블 세팅을 했어요. 멍석 위에 놓은 상에 들국화를 꺾어서 놓았죠.

설악산, 오대산에 자주 갔는데 박 회장님의 안내를 따라가다 보면 어느 순간 보라색 꽃이 느닷없이 한쪽에 쫙 피어 있어요. 꽃들은 아무리 길어도 일주일이면 지잖아요. 박 회장님은 그 꽃을 보는 경험을 사람들과 함께 나누고 싶어서 바로 그 순간에 그 장소로 친구들과 산에 가는 거예요. 어느 날은 강원도 산속에 들어가니 단풍이 이렇게 예뻐도 되나 싶더라고요. 박 회장님은 공간뿐만 아니라 시간의 아름다움도 즐길 줄 아는 분이었어요. 서도 디사인을 진공하고 잡지를 만들지만 아름다움을 추구하는 박영춘 회장님의 집념은 '정말 저렇게까지……' 할 정도예요. 작은 것도 그냥 지나치지 않고 천착해 들어가는 게 있어요. 자연에서 자란 강원도 사람이 그런 안목을 가지기란 참 힘들어요. 제가 40년 넘게 잡지를 만들면서 얼마나 많은 사람을 만났겠어요. 박 회장님은 정말 귀한 분이에요.

경험 자체로 풍요로운 삶

박 회장님은 시골집을 구입하시면 그걸 헐고 새롭게 지을 수 있는데 정말 그렇게 안 하세요. 풍광이 좋은 집을 찾아내 턱 사시고 시골 정취를 있는 그대로 굉장히 즐기세요. 일류 레스토랑에 가서 잘 먹고 싶을 때가 있고, 시골 청국장이 먹고 싶을 때도 있잖아요. 점심 약속에 계속 양식을 먹었다면 추어탕이 딱 먹고 싶을 때가 있어요. 돈이 없어서 추어탕을 먹는 게 아니라 정말 그 음식을 즐기는 거죠. 무조건 귀족적인 것을 선호하거나, 무조건 서민적인 것을 선호하는 게 아니라 서민 것을 볼 때는 어느 면을 보아야 하는지 아는 것이에요. 개다리소반의 각을 보는 거고, 툭툭한 소나무 송판을 보는 거고. 궁중 예술은 또 그대로 즐기는 거지요.

이 영역이 굉장히 넓은데 보시려고 하는 앵글이 적절해요. 이걸 볼 때 그것에서 추출해야 하는 미감을 아는 것이고요. 덜 세련되면 무척 타박하세요. 지독하게 컬렉션을 해보고 써보고 부서트려보고 했기 때문에 그런 안목이 길러졌겠죠. 살면서 많이 다니고 써보고 사보고 하는 게 제일 중요해요. 대학 가서 전공하고 공부하는 것은 경험을 못 따라와요. 디자인 전공한다고 되는 건 아닌 것 같아요. 한번은 대원군 집터에서 나온 연못 돌을 사시더라고요. 다른 게 부러운 것이 아니라 자신이 원하는 것을 명확히 알아보는 감각이 부럽다고 생각했어요. 박 회장님은 그런 측면에서 그 어떤 부자보다 더 풍요로운 삶을 사셨던 분이라고 생각해요.

149

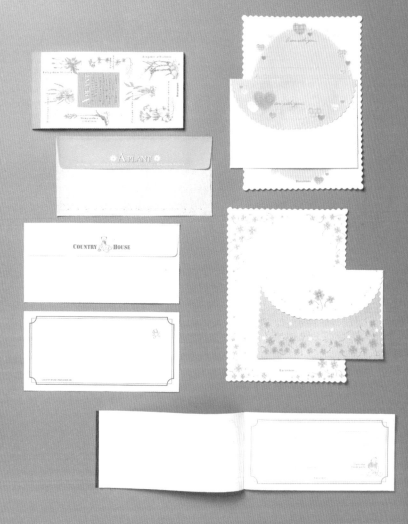

III   실패를 어떻게 다룰 것인가

1 실패를 대하는 태도가
    당신의 다음을 결정한다

1997년 동남아시아에서 시작된 금융 위기가 전
세계로 확산되면서 우리나라도 외환 보유고가
바닥나 국제통화기금IMF에 구제 금융을
요청하기에 이르렀다. 은행들은 대출금을
회수하기 시작했고, 자금 경색의 직격탄을
맞고 한국의 수많은 기업이 줄도산을 했다.
바른손팬시도 그중에 하나였다. 1998년 부도
처리된 바른손팬시는 다음 해에 매각됐다. 다행히
박영춘 회장에게는 바른손팬시 주식 매각 대금과
바른손팬시의 1/30 규모였던 바른손카드가
남았다. 그는 환갑의 나이에 남은 자산을 모두
투자해서 IT, 게임 산업에 진출해 재도약을
꿈꾼다.

실패는 곧 배움의 순간

실패를 하는 그 순간에 우리는 '실패'하고 있지 않다. 그저 그 순간 자신이 할 수 있는 최선의 행동을 할 뿐이다. 실패라고 일컬어지는 행위는 단지 사후 결과에 따른 평가다. 당연히 행동하지 않는 자는 성공뿐만 아니라 실패의 기회조차 갖지 못한다.

에어비앤비의 창업자이자 디자이너인 조 게비아는 실패를 '멋진 배움의 순간'이라고 부른다. 그러한 시도 덕분에 우리는 목표를 성취하는 과정에서 좌절하는 경로를 하나 줄일 수 있기 때문이다.

하버드대 경영학과에는 '실패 101'이라는 수업이 있다. 이 수업에서 학생들은 학기 중에 세 가지 프로젝트를 시작해서 세 번의 실패를 경험하게 된다. 그들은 매번 실패를 통해 미래 성공의 씨앗이 되는 교훈을 배우도록 교육받는다. 영국의 총리 윈스턴 처칠은 "성공이란 한 번 실패를 하더라도 열정을 잃지 않고 다른 실패를 무릅쓸 수 있는 능력이다"라고 말했다. 바른손의 박영춘 회장 역시 50년간 사업을 해오면서 많은 역경과 위기를 맞았지만, 그에게 실패는 반드시 새로운 성공의 열쇠가 되곤 했다.

바른손이 가장 활황이었던 1997년 즈음에는 직원 규모가 300명에 이르고 꼬마또래, 팬시가든, 크리아트, 컨츄리하우스, 실용선언 등 자체 브랜드 대여섯 개가 사랑받고 있었다. 방배동에 신축한 바른손 사옥은 그 예술성을 인정받아 김수근 문화상을 탔고, 건축학도의 필수 답사 코스가 될 정도로 유명해졌다. 누가 보아도 탄탄한 중소기업의 대표적인 성공 사례가 바른손이었다.

하지만 바른손이 어마어마한 성공을 거두었던 만큼 후발 주자의 맹렬한 추격을 피할 수 없었다. 바른손팬시의 제품을 샘플로 비슷하게 만들어서 반값에 양산하는 업체가 늘어났다. 한 해 100만 개가 팔리는 시장인데 700만 개의 물건이 쏟아져 나오는 식이다. 업체마다 재고가 쌓이고 그다음해는 그걸 1/3 가격에 팔고, 또다시 재고가 쌓이는 악순환이 계속됐다. 제품을 생산하는 모든 비용을 이미 지불했는데 상품이 안 팔려 자금 회수가 안 되니 자금 압박이 시작됐다.

개인 VS 구조, 성장하는 중소기업의 딜레마

사실 당시 한국의 전 산업 분야가 상당 기간 그런 방식으로 경제적 성장을 이어갔다. 유리 위에 집을 지은 셈이었다. 경기가 좋을 때는 은행에서 중소기업에 대출을 연장해 주는 것이 당연시됐고, 기업은 대출금으로 재고 부담을 버텨내고 있었다. 그러나 1997년 시작된 세계적인 경제 위기로 외국 자본이 빠져나가자 은행 업계가 파산 위기를 겪게 됐고, 우량 기업에도 대출을 상환하라고 압박하기 시작했다.

바른손 역시 한번 자금이 경색되니 되돌릴 수가 없었다. 바른손팬시 60개의 대리점에서 본사에 어음을 발행하고 물건을 공급받는데 계속 판매가 부진하니 대리점이 어음을 막지 못하는 상황이 발생했다. 유통에서 먼저 부도가 나면 그걸 본사가 계속 갚아야 했다. 돈을 받을 대리점 매장은 어렵고, 은행에 상환해야 할 대출 금액은 쌓여가는 악순환이 반복됐다.

1990년대 후반 바른손의 사업이 점점 어려워졌던 이유는 이렇게 국제적인 경제 위기의 영향도 있지만, 바른손 자체적으로 기업 규모가 커지면서 겪는 내부적 딜레마에 빠져 있었기 때문이기도 했다. 1970년 을지로 인쇄골목에서 처음 창업했을 때부터 바른손카드의 성장 동력은 박영춘 회장 개인의 아이디어와 미감, 완벽주의였다. 하지만 회사의 규모가 점점 커지고 직원 수가 300명에 이르자 박 회장 개인의 힘만으로는 커버하지 못하는 부분이 점점 늘어났다. 박 회장의 아이디어를 실무진이 빠르게 따라잡기에는 조직이 너무 커져버렸다. 아이디어와 행동이 톱니바퀴처럼 맞물려서 가야 하는데 엇박자가 나기 시작하면서 내부의 사업 추진력이 점점 떨어졌다. 움직임이 둔해지면서 급변하는 시장 상황에 유연하게 대응하지 못하는 경우가 늘어났다.

바른손 공채 1기로 입사해 12년간 근속했던 박병순 씨는 지금 와서 돌아보면 회사의 자금 사정을 고려하지 않은 과감한 투자로 인해 위기에 대처하지 못한 것도 회사가 어려워진 한 원인이라고 생각한다고 말했다. 회사의 상황과 형편에 맞는 투자가 진행되어야 하는데 상황이 무르익기 전에 일단 돌진하는 경우가 생겼다.

시장 니즈와 트렌드 사이의 타이밍 게임

특히 지금의 '무인양품', '자주' 등과 비견될 만한 생활용품 브랜드 '실용선언'의 경우도 그랬다. 무인양품은 1980년 일본의 대형 슈퍼마켓 체인인 세이유의 PB 제품으로 출발해 1989년 별도의 회사로 독립했다. 개성과 유행을 상품화하지 않고, 상표의 인기를 가격에 반영시키지 않겠다는 캐치프레이즈를 내걸었다. 브랜드의 홍수에 빠져 있던 일본 소비자들에게 시대 흐름을 역행하는 무인양품의 전략은 충격적이었다. 마침 1990년대 일본 경제 침체기가 지속되면서 무지의 '이유 있는 저가 상품' 정책이 인기를 끌기 시작했다. 1991년부터 2000년까지 10년간 일본 경제 성장률이 0%일 당시 무인양품의 매출은 440% 급증했다. 일본으로 시장 조사를 떠난 바른손의 신사업 TF팀의 눈에 무인양품이 포착됐고, 이를 토대로 브랜드 거품을 뺀 디자인 생활용품 브랜드 '실용선언'을 론칭했다.

하지만 우리나라의 소비자들은 이제 막 10여 년 남짓 경제적 호황기를 즐기며 브랜드에 탐닉하고 있었다. 많은 돈을 주더라도 명품 브랜드 가방, 유명 브랜드 운동화 등을 소유하고 싶어 했다. 20년이 지난 2010년대에야 우리나라에도 비非브랜드를 표방하는 트렌드가 확산됐다. '가성비'라는 말이 인터넷 커뮤니티를 중심으로 인기를 끌면서 사람들은 저렴한 가격에 좋은 상품을 구입한 것을 자랑으로 여기게 됐다. 신세계 이마트에서는 아예 '노브랜드'라는 PB 브랜드를 론칭했으며, 전국에 200여 개의 노브랜드 전문 매장을 오픈했다. 바른손의 '실용선언'이 겨냥했던 비브랜드 트렌드는 20년이 흐른 후에야 우리나라를 강타한 것이다.

앞서 인용한 미국의 경제지 「앙트레프레너」에 따르면 세계 100대 부자들의 가장 큰 공통점은 트렌드를 남들보다 일찍 파악했다는 점이다. 그렇다면 우리는 궁금증을 가질 수밖에 없다. 트렌드를 남들보다 얼마나 먼저 파악하고 행동에 나서야 하는가? 바른손팬시가 1980년대 초 문구 시장을 강타할 수 있었던 이유는 시장의 니즈를 먼저 캐치하고 다른 기업보다 먼저 소비자가 원하는 것을 제공했기 때문이었다. 세계적인 트렌드를 먼저 캐치하는 것만큼 중요한 것은 내가 겨냥한 시장의 니즈가 얼마나 무르익었는가 알아차리는 능력이다. 결국 시장의 니즈와 반보 앞선 트렌드 사이를 오가는 타이밍 게임이 기업 경영의 핵심이다.

바른손이 위기를 맞은 데는 또 다른 이유가 있었다. 최초의 '디자인 기획 회사'를 기치로 바른손팬시를 창업했을 때만 해도 전혀 새롭던 사업 방식이 10여 년이 흐르자 일반적인 디자인 문구의 사업 패턴으로 자리 잡은 것이다. 여러 군소 업체가 난립하면서 바른손 제품은 가격 경쟁력을 잃게 됐다. 게다가 1991년 소련이 무너지면서 냉전이 종식된 영향으로 1992년 한중 수교가 수립됐고, 한국과 중국의 교역량이 늘어나면서 값싼 중국산 문구류가 대량으로 유입됐다. 결국 저렴한 노동력으로 대량 생산하는 중국과의 대결에서 이길 수 없는 판이 짜인 것이다. 문구 산업은 100여 명의 디자이너를 고용해서 창의력을 쏟아붓는 방식으로는 비즈니스를 지속할 수 없는 분야로 점차 변해 갔다.

결국 사업의 성패는 내가 다른 업체보다 얼마나 잘하는가도 중요하지만, 어떤 시장의 흐름을 탔느냐가 결정적인 영향을 미치게 된다. 시장의 변화에 맞춰서 얼마나 나를 기민하게 바꾸느냐가 관건이다.

스스로 진화하는 기업 시스템이 필요하다

2000년대 들어 일본의 무인양품도 1990년대 바른손이 겪었던 어려움을 그대로 겪었다. 1990년대 일본의 '잃어버린 10년' 기간 동안 나 홀로 가파른 상승세를 이어 나가다가 2001년 8월 중순에 38억 엔의 적자를 기록한 것이다. 무인양품 역시 브랜드 파워가 생기고 회사 규모가 커지면서 많은 부작용에 직면했다. 상층부와 하층부의 거리가 더욱 멀어져 실행력이 떨어지는 현상이 발생한 것이다. 그해 구원투수 역할로 사장에 임명된 마쓰이 다다미쓰는 인원 감축과 자산 매각에 나서는 대신 '대기업병'을 타파하기 위해 회사의 구조를 바로잡는 작업에 착수한다.

바로 '살아 숨 쉬는 매뉴얼' 〈무지그램〉을 만들고 이를 직원들이 업무에 체화하도록 해서 소비자에게 표준화된 제품과 서비스를 제공할 수 있도록 한 것이다. 2000여 쪽에 달하는 방대한 매뉴얼은 지금 당장 입사한 신입 사원도 손쉽게 업무에 적응할 수 있도록 돕는다. 다른 회사의 매뉴얼을 그대로 베끼거나, 본사 직원들의 탁상공론을 적은 것이 아니라 무지 매장 전 직원들의 노하우와 지혜를 그대로 담은 무인양품만의 매뉴얼이기 때문이다.

　매뉴얼대로 행동한다고 하면 무미건조한 로봇을 연상하기 쉽다. 하지만 무인양품의 의도는 매뉴얼을 만드는 사람을 키우는 것이다. 실제로 무인양품의 직원들은 구조적으로 매장에서 고객의 의견이나 불만 사항을 자세히 보고하게 되어 있고, 직원들의 노하우와 지혜를 일일이 문서화한다. 이를 다시 매뉴얼 부서가 파악해 현장의 목소리를 담아 〈무지그램〉을 매달 업데이트한다. 매뉴얼 전문 부서가 있어서 사원이 매뉴얼과 다르게 행동하면 담당자가 찾아가 그 이유를 묻는다. 매뉴얼을 통해 제품과 서비스의 질을 표준화하고, 개인이 아닌 구조가 진화하는 틀을 짜는 데 성공했다.

　그 결과, 무인양품은 명실상부한 글로벌 기업으로 성장했다. 24개 나라에 진출해 총 935개의 매장(2018년 2월 기준)을 두고 있으며, 2017년 매출은 3조 7604억 원, 영업 이익은 1조 7629억 원에 달한다. 명확한 정체성을 매뉴얼에 담아 '무인양품다움'을 완성한 끝에 엄청난 양적 성장에도 흔들림 없이 비교적 균일한 서비스와 제품을 제공할 수 있게 됐다.

　무인양품의 세계적 성공은 기업 내 원활한 커뮤니케이

선을 통해 끊임없이 진화하는 시스템을 만들어가는 것이 얼마나 중요한지를 우리에게 보여준다.

위기 상황에도 나다움을 잃지 않기

1998년, 대출 상환 기한이 점점 다가왔다. 20년 가까운 시간을 투자한 바른손팬시가 곧 부도 처리될 상황을 앞두고 있었다. 박영춘 회장은 1981년 바른손카드 첫 번째 부도 사태의 혹독한 경험을 치른 이후 두 번째 겪는 일이었다. 절체절명의 위기 상황에도 박 회장은 의연했다. 평소처럼 단전호흡을 하고, 집에서 크로키도 그리고, 음악도 들으면서 상황을 지켜봤다.

최종 부도 처리되던 날, 그는 바른손팬시의 수장으로서 누리던 기득권을 모두 포기했다. 타고 다니던 회사 소유의 자동차마저 주차장에 세워두고 택시를 타고 집에 돌아왔다. 한동안 차 없는 생활을 하면서 아내에게 "마티즈를 한 대 살까?" 묻기도 했다. 바른손카드가 첫 번째 부도 처리됐을 때 실패 이후에도 다음이 있다는 것을 경험했던 그는 가볍게 절제된 생활 방식으로 돌아올 수 있었다.

경영 일선에서 물러나는 대신 환갑을 앞둔 나이에 스스로 디자인실로 내려가 디자인 실무를 책임지기로 결정했다. 120여 명이던 디자이너가 30여 명으로 줄었는데, 적은 인원으로 최대의 효과를 내기 위해 디자이너들을 독려하기 시작했다. 일인당 디자인 횟수, 품질, 판매량을 점수로 매겨서 디자이너들의 퍼포먼스를 북돋았다.

1998년 당시에는 대부분의 문구 회사가 제품을 생산할 자금을 확보하지 못해 재고만 판매하며 해를 넘기고 있었다. 하지만 박영춘 회장은 바로 지금 신제품을 출시하면 시장에서 단연 돋보일 것이라고 판단했다. 그해 바른손팬시는 유일하게 신제품을 시장에 내놓아 좋은 반응을 얻었다. 특히 비닐을 압착해 좀 더 튼튼하게 만든 봉제 필통이 히트하면서 높은 판매고를 기록했다.

부도 이후에도 지속적인 매출을 기록한 덕분에 바른손팬시를 비교적 좋은 조건으로 매각할 수 있었다. 1999년 박영춘 회장은 보유하고 있던 주식의 10%만 남기고 주주로서의 모든 권리를 내려놓은 채 바른손팬시를 매각했다.

박 회장은 이렇다 할 부동산 등 개인 재산을 축적하지 않고 모든 재원을 쏟아부으며 회사를 이끌어왔다. 그에게 바른손은 돈을 버는 수단이 아니라 목적 그 자체였기 때문이다. 당시 바른손팬시의 매출은 바른손카드의 30배 규모로, 팬시는 명실상부 바른손의 주력 사업이었다. 바른손팬시 매각 이후 그에게 남은 것은 약간의 토지와 바른손카드, 휴지 조각같이 여겨졌던 바른손팬시의 주식 10%가 전부였다.

그런데 기적 같은 반전이 일어났다. 주식 거래 정지 기간에 바른손팬시를 매입한 사람이 다른 기업에 이 주식을 매각한 것이다. 바른손팬시의 주식이 다시 상장되자 주가가 엄청난 기세로 뛰었다. 박 회장이 소유하고 있던 10%의 주식이 엄청난 자본으로 돌아왔다.

"30년 동안 사업을 했는데, 부도 직후 가장 많은 현금을 손에 쥐게 됐어요. 아이러니죠."

이제 사업가로서의 인생은 모두 끝난 건가 생각했던 박 회장에게 또 다른 도전을 할 기회가 주어졌다.

2017년 KB금융연구소의 보고서에 따르면 1990년대에서 2000년대 초의 부자들은 서울 강남 일대 아파트에 집중적으로 투자하여 높은 시세 차익을 거둔 것으로 나타났다. 현재 세계 부자들의 자산 중 부동산이 차지하는 비중은 17.9%이지만, 한국 부자들의 부동산 투자 비중은 38.5%로

두 배에 달한다. 당시 목돈을 가지고 있던 부자들이 집중적으로 부동산 투자에 열을 올린 것이다. 하지만 박영춘 회장은 거액의 주식 매각 대금을 부동산에 투자하지 않고 평소에 관심을 가지고 있던 IT, 게임 사업에 도전해 또 다른 도약을 꿈꿨다. 환갑의 나이에도 기업가 정신을 늘 가슴에 품고 있던 박 회장다운 결정이었다.

관점을 바꾸면 실패가 기회가 된다

"나 보고 싶니 (당근) 나 생각나니 (당근) I love
you, you love me (당근 당근 당근)"
싱그러운 푸른 잎을 살랑거리며 춤을 추는 한
무리의 당근. 지금까지도 많은 사람에게 널리
불리는 <당근송>은 e-카드 시장에 뛰어든
바른손닷컴의 히트 콘텐츠였다. 하지만 바른손은
e-카드를 유료화하는 작업에 실패했고,
<당근송>은 바른손에 약간의 저작권료 이외에
큰 이익을 가져다주지 못했다. 그럼에도
바른손닷컴의 실패는 관련 인력을 활용해 청첩장
전자상거래 시스템을 마련하는 초석이 됐고,
바른손은 또다시 다음을 향해 나아갈 수 있는
원동력을 얻었다.

실패를 기회로 만드는 기지

박영춘 회장은 바른손팬시의 주식 매각 대금으로 평소에 관심을 가지고 있던 분야인 온라인 게임 사업에 뛰어들기로 결심하고 바른손닷컴을 만들었다. 그는 곧 4~5명의 직원으로 구성된 게임 회사를 인수한 뒤 전문 인력을 영입했다. 신규 IT팀은 영어 단어를 암기하는 게임을 개발하기 시작했는데, 점점 개발 비용이 늘어나 최소 50억 원 이상의 비용을 투자해야 게임 론칭이 가능하다는 결론에 이른다. 바른손카드에서 보조적인 사업으로 진행하기에는 너무 부담이 큰 규모였다.

이미 뽑아놓은 직원들을 어떻게 활용할 수 있을까 고민한 끝에 박 회장은 e-카드에 도전하기로 결정했다. 플래시 애니메이션으로 만들어서 메시지와 함께 보내는 e-카드는 2000년 당시 카드 업계의 혁신적인 아이템이었다. 보통 플래시 애니메이션은 디자인을 전문적으로 공부한 사람들이 아니라 컴퓨터 기술자가 만드는 경우가 많았지만, 바른손닷컴에서는 기존의 사내 카드 디자이너에게 컴퓨터 기술을 가르쳐 플래시 애니메이션을 제작했다. 당시로서는 최신 컴퓨터 기술이라 대학교에서도 따로 가르치지 않는 프로그램을 사용했는데, 과감히 새로운 기술에 투자하기로 결단을 내린 것이다. 그래서 바른손닷컴의 e-카드는 컬러와 움직임이 남달랐고, 아직까지도 아이들에게 널리 불리는 히트곡 〈당근송〉도 바로 이때 탄생했다. 당연히 바른손닷컴의 e-카드는 항상 1위를 고수했고, 6개월 만에 회원 수가 100만 명에 육박하는 등 양적 성공을 거두었다.

하지만 프린트된 카드처럼 e-카드도 예쁘게 잘 만들어서 유료화할 수 있을 거라는 계획은 안타깝게도 실패로 돌아갔다. 지금이야 히트한 콘텐츠에 광고를 붙여서 수익을 창출하는 비즈니스 모델이 보편화되었지만, 물건을 잘 만들어서 돈을 받고 파는 방법밖에는 없던 시절이기 때문이다. 바른손닷컴에서 광고 영업을 시도하기도 했지만 광고주들이 새로운 매체에 선뜻 투자하는 것을 꺼려하는 분위기였다.

e-카드 사업을 계속 진행하는 것이 맞는지 회의적인 목소리가 나오기 시작했다. 온라인 콘텐츠를 제작하는 직원

들은 회사에 비전이 없다고 생각해서 퇴사하는 경우도 있었다. 하지만 박영춘 회장 특유의 실패를 기회로 만드는 기지가 여기에서도 발현됐다. 그는 회사에 남아 있는 컴퓨터 기술자들을 활용해 바른손카드의 전자상거래 시스템을 구축하기로 결심했다.

영토를 먼저 선점하라

박영춘 회장은 2000년대 들어서면서 온라인 시장이 심상치 않게 흘러가고 있다는 사실을 직감했다. 모든 상품을 온라인으로 구매하는 시대가 다가올 것을 예감하고 인터넷 거래를 선점해야 한다고 판단했다. 당시만 해도 일반 소비자들에게는 전자상거래가 매우 생소했다. 인터파크나 라이코스 등 대형 포털 사이트 이외의 일반 사이트에서는 전자결제를 꺼리는 경향이 완연했다. 하지만 바른손카드는 과감하게 단독 도메인으로 국내 최초의 청첩장 전자상거래 사이트를 오픈했다. 기존 대리점이나 내부 영업부의 적극적인 반대에 부딪혔지만, 박 회장은 자신이 포착한 시장의 흐름을 믿었다.

청첩장은 전자상거래에 굉장히 적합한 아이템이다. 예전에는 청첩장에 들어가는 이름과 장소, 날짜는 개인이 해당하는 내용을 직접 인쇄해야 했다. 신랑 신부가 직접 인쇄소를 찾아가서 인쇄 작업을 진행해야 하는 시스템이었다. 샘플이 인쇄되면 오타가 없는지 다시 확인하러 가야 했고, 또 제품이 완성되면 다시 인쇄소를 찾아야 했다. 결혼 준비로 하루하루가 눈코 뜰 새 없이 바쁜 예비 부부가 번거롭게 최소한 세 번은 인쇄소를 찾아가야 했다. 하지만 바른손카드는 국내 최초로 온라인상에서 고객이 청첩장에 넣을 문구를 타이핑하고 바로 디자인을 확정할 수 있는 시스템을 만들었다. 인쇄소를 찾지 않아도 택배로 내 집에서 청첩장을 받아 볼 수 있는 시대가 된 것이다.

이런 온라인을 통한 직거래는 카드 제조사 관점에서도 굉장히 많은 비용과 노력을 아낄 수 있게 해줬다. 예전에는 기본적으로 모든 소매점에 바른손카드의 샘플 북을 납품해야 했기 때문에 샘플 제작 비용을 미리 투자해야 하는 위험 부담이 있었는데, 온라인 직거래를 통해 주문식 생산이 가능하게 됐고 소모되는 샘플 제작 비용이 많이 줄어들었다. 또 고객이 소매점을 거치지 않고 바른손카드에 직접 대금을 지급하기 때문에 자금 흐름이 원활해진 것도 큰 장점이다. 다른 상품은 대부분 포털 사이트를 통해 구입할 수 있었지만, 청첩장은 주문 제작 방식이기 때문에 포털의 대형 몰로 들어가기 쉽지 않았다. 자연스럽게 바른손카드의 단독 도메인이 활성화될 수 있는 조건이 마련됐다.

바른손카드가 탄탄한 중소기업으로 다시 서는 데 큰 역할을 한 것이 바로 온라인 전자상거래 시스템이었다. 아이러니하게도 e-카드 투자 실패가 결국 바른손카드의 다음을 세울 수 있는 중요한 초석이 됐다. 박영춘 회장은 실패를 또 다른 동력으로 사용하는 뛰어난 재주가 있다. 그렇기 때문에 두 번의 부도를 겪었을 때도, e-카드 사업에 실패했을 때도 크게 두려워하지 않았다. 이 위기를 넘어가면 또 다른 지평선이 펼쳐질 것을 알고 있기 때문이다.

3 위기의 원인을 정면 돌파하라

1999년 바른손팬시를 매각한 자금으로 박영춘
회장은 중국에 바른손카드 생산 공장을 지을
계획을 세웠다. 비싼 임금을 지불하면서 한국에서
생산된 제품은 저렴한 노동력으로 중국에서
생산한 제품과 가격 경쟁력에서 게임이 되지
않았기 때문이다. 자연히 중국에 생산 기지를
구축하는 것이 한국 제조 기업들의 화두로
떠올랐다. 박 회장은 중국 카드 시장 진출을
꿈꾸며 중국이란 전혀 새로운 환경에서 처음부터
다시 담대한 도전을 시작했다. 60대 초반의
나이에 새로운 시작이었다.

가격 경쟁력이 있어야 지속 가능하다

바른손팬시가 1990년대 들어서 가격 경쟁력을 잃기 시작했던 이유에는 급격히 발전한 중국 경제의 영향이 컸다. 1978년 덩샤오핑이 시행한 단계적인 개혁 개방 정책이 효과를 거두면서 1990년대 중국은 '세계의 공장'으로 대두됐다. 중국의 국내 총생산GDP이 1990년 2천억 위안에 육박했으며 이는 10년 만에 4배 이상 급증한 수치였다. 또 1992년 한중 수교가 수립되면서 우리나라와 중국과의 경제 교류가 본격적으로 확대되자 바른손팬시와 바른손카드처럼 노동 집약적인 생산품을 만드는 사업체는 특히 타격이 상당했다.

박 회장은 1999년 바른손팬시를 매각하면서 바른손카드가 다시 활로를 찾으려면 중국에 생산 공장을 세워야 한다는 결론에 도달했다. 바른손카드의 디자인 경쟁력과 기술력, 중국의 값싼 노동력이 만난다면 국내 카드 시장뿐만 아니라 중국 진출도 노려볼 만하다는 판단에서다. 그는 바른손카드의 사옥으로 쓰기 위해 구입해 두었던 압구정동 빌딩을 매각하고 본격적으로 중국 진출을 준비했다.

돈보다 가치가 먼저

60대 초반의 나이에 언어와 문화 모두 낯선 중국에서 모든 것을 다시 시작하는 일은 30여 년간 사업을 하며 수많은 어려움을 겪었던 박 회장에게도 쉽지 않은 도전이었다. 부동산 임대 수익으로 여생을 편안하게 보낼 수 있었는데도, 그는 인생 마지막 순간까지 결과가 아닌 과정으로 살기를 바랐다.

요즘은 대기업조차 적극적으로 부동산 투자에 열을 올리지만, 그는 사업가가 땅을 사서 돈을 벌면 부끄러운 일로 여겼다. 셋째 아들인 바른컴퍼니 박정식 대표는 "아버지는 땅에 투자할 돈이 있으면 회사와 사람에 투자하라고 늘 말씀하셨어요."라고 회고했다. 사업을 하려면 기업가 정신을 가지고 세상에 없던 가치를 창출해 내야 한다는 것이 박 회장의 오랜 경영 철학이었다. 그는 예순이 넘은 나이에도 초창기 사업을 시작할 때의 열정을 늘 마음에 품고 있었다.

"내 나이 예순둘에 중국 진출을 준비하면서 1970년 처음 바른손카드를 시작하던 젊은 시절을 다시 사는 것 같아 두근거렸어요."

박 회장은 중국 내수 시장을 겨냥하여 상하이에 생산 공장을 설립하기로 결정했다. 도시가 아닌 시골에 공장을 지으면 비용을 훨씬 절감할 수 있었을 것이다. 하지만 그는 보다 큰 그림을 보았다. 도시에 투자할 가치가 있다고 판단하고 바른손카드 상하이 법인을 준비했다. 상하이에 임시 거처를 마련하고 한국 집과 상하이를 오가던 박 회장은 2003년 아내와 함께 상하이로 완전히 이주했다.

하지만 그가 예상했던 것보다 훨씬 어려운 난관이 펼쳐졌다. 당시 중국에 진출했던 우리나라의 기업이라면 공통적으로 피해 갈 수 없었던 문제가 하나둘 발생하기 시작한 것이다.

공채 1기로 입사해
11년간 몸으로 익힌 '경영의 품격'

박병순 홈스마일 대표

'디자인 기획 회사'를 기치로 삼아 창업한 지 3년 만인 1986년, 바른 손팬시는 자체 브랜드 매장인 '팬시가든' 오픈을 앞두고 공채 1기 신 입 사원을 선발했다. 탄탄한 기업으로 자리 잡아가고 있는 바른손팬 시의 위상을 널리 알리고, 바른손카드와는 독립적으로 '바른손팬시 의 사람'을 온전히 키워내고자 했다. 박병순 홈스마일 대표는 이때 바른손에 입사해 11년간 영업, 총무, 마케팅 등 여러 부서를 거치며 명실상부 '바른손팬시의 에이스'로 박 회장의 총애를 한 몸에 받았 다. 박영춘 회장에게 품격 있는 경영의 기초를 모두 배웠다는 그를 만나 바른손팬시의 눈부신 시절 이야기를 들어봤다.

1986년에 공채 1기로 입사했습니다. 면접 때 박영춘 회장님 을 처음 뵈었는데 계속 듣기만 하시고 아무 말씀도 안 하셔서 역술가인 줄 알았어요. 왜소하고 피곤해 보였지만 눈빛은 굉장히 남달랐던 걸로 기억합니다. 날카롭지만 깊이가 있는 눈빛이었어요. 일반 사람들과 뭔가 다르다는 느낌이 강하게 들었어요.

입사 후 영업부에서 처음 일을 시작했는데, 창신동 문구 도매상에 물건을 납품하던 시절이었습니다. 도매상들 사이에서 바른손팬시의 제품은 거의 독보적인 위치에 있었어요. 반응이 너무 좋아서 일하는 재미가 있었죠. 주문도 많고 거래처 늘리는 것도 쉬웠어요. 매년 매출이 두 배로 신장했습니다.

제가 입사한 해의 초여름에 바른손팬시의 첫 직영점인 팬시가든을 성신여대 근처에 오픈했어요. 당시 한국에 디자인 문구 전문점, 즉 '팬시 숍'은 팬시가든이 최초였어요. 예전에는 진열대에 상품을 쭉 올려놓는 정도였다면, 의도된 디자인을 가지고 디스플레이를 했던 매장은 팬시가든이 처음이었습니다. 첫날부터 사람들이 엄청나게 몰려왔어요. 당시에 수입 디자인 문구를 알음알음 구할 수는 있었지만 워낙 비쌌기 때문에 대중적으로 구입할 수는 없는 상황이었거든요. 적절한 가격대에 수입품만큼 예쁜 디자인 문구를 살

수 있다는 사실이 소비자들을 매혹시켰던 것 같아요.

성신여대점이 히트한 이후 신규 대리점 요청이 쇄도했어요. 매일 야근을 해야 해서 몸은 힘들었지만 재미있었어요. 물론 휴일에도 출근을 했는데요. 집에서 쉴 수 있는 날조차 회사 사람들이랑 어울려서 시간을 보냈어요. 회사가 날로 번창하는 게 눈에 보여서 모두 희열감에 들떠 즐겁게 일했던 기억이 나네요.

좋은 생각이 좋은 사업을 만든다

그 후 1998년까지 11년 동안 바른손팬시에서 일했어요. 영업부뿐만 아니라 포장사업부, 총무부, 마케팅실, 디자인지원팀, 신규사업팀 등 바른손팬시의 거의 모든 부서에서 일했다고 해도 과언이 아니에요. 지금은 이불을 생산하는 기업인 '홈스마일'을 운영하고 있는데, 정도를 걷는 경영이 무엇인지 박영춘 회장님에게 하나하나 배웠습니다. 제 사업을 하면서 투자를 받거나 직원들을 이끌고 가는데 크게 어려운 일이 없습니다. 제가 바른손팬시에서 다 해봤던 일이고 어떻게 일을 처리해야 하는지 몸이 이미 기억하고 있더라고요.

제 사업을 하라고 교육을 시키신 게 아닌가 싶을 정도로 많은 것을 배웠어요. 바른손팬시에서의 경험이 제 사업의 초석이 됐습니다.

장사꾼과 기업가는 차이가 큽니다. 박 회장님은 참기업가였고, 좋은 생각이 좋은 사업을 만든다는 경영 철학을 그대로 실천하셨습니다. '품격'을 늘 제일 앞에 놓으셨어요. 회장님을 생각하면 제일 먼저 그 말이 떠올라요. 일하는 것, 사람을 대하는 것, 물건을 구입하는 것 하나에서까지도 품격을 잃지 않으셨어요. 저도 그렇게 회사를 운영해 보려고 회장님 흉내를 내고 있습니다. 당시 바른손팬시에서 디자이너로 일하던 아내를 만나 결혼까지 했으니 바른손팬시에서 일했던 시간이 저의 인생을 바꾼 셈입니다.

184

IV 중국 진출,

그 과정에서 배운 것들

1 풀을 베어도 뒤돌아서면 무성하다

한 기업이 성장하려면 무엇이 필요할까? 뛰어난
경영자가 조직을 이끌어나가는 것도 중요하지만
당시의 시대적 상황, 경영 환경도 못지않게
결정적인 요소가 된다. '최선을 다하면 안 되는
일은 없다'고 생각했던 박영춘 회장은 의도한
대로 흘러가지 않는 중국 진출 경험 덕분에 모든
것을 할 수 있다는 생각을 내려놓고 조금 더 마음
편하게 상황을 바라볼 수 있게 되었다.

중국 진출, 사업가에게는 극한 도전

1992년 한중 수교가 수립되고 수많은 한국 기업이 중국에 진출했다. 중국의 싼 노동력을 활용해 한국 시장에서 원가 경쟁력을 갖출 뿐만 아니라 중국의 거대한 내수 시장을 겨냥하기 위함이었다. 수출입은행 자료에 따르면 1996년까지 한국 기업들의 중국 진출이 두드러지다가 IMF 위기 때 잠시 주춤했고, 2000년 들어서 다시 증가세를 보였다.

바른손카드는 2001년 2차 진출 붐 시기에 중국 상하이에 진출했다. 바른손카드 상하이 법인을 설립하고 공장에 인쇄 기계들을 들여와 본격적인 카드 생산에 돌입했다. 박영춘 회장은 중국 시장에 진출하기 위해 갖은 노력을 기울였다. 박 회장이 직접 영업 담당자와 함께 거래처를 다니면서 영업을 할 정도로 발로 뛰며 활로를 찾았다. 하지만 그때까지만 해도 사회주의 분위기가 완연하던 중국은 한국 기업들에게 그리 녹록한 사업 환경이 아니었다. 당시 중국에 진출한 한국 기업의 대표들은 오늘 풀을 베고 길을 내도 다음 날 돌아와 보면 다시 머리까지 풀이 자라 있는 정글 한가운데 버려진 심정이었다고 한다.

중국 진출을 준비하면서 박영춘 회장은 중국인 전문 경영인을 뽑고 싶었지만 믿을 만한 사람을 찾는 일이 거의 불가능했다. 2000년대 초반 중국에 진출했던 한국인 기업 가들은 너나없이 조직폭력배가 연루된 각종 사기와 폭력 사건에 시달렸다. 택시를 타도 가격을 속이고, 가짜 달걀, 가짜 소고기 등 요리 식자재를 속이는 일도 비일비재했다. 은행조차 믿을 수 없을 정도였다. 그때까지만 해도 사회주의 분위기여서 중국에 입출국을 할 때마다 긴장해야 했다. 친구들이 농담처럼 "중국에 갔다가 못 돌아오는 거 아니냐?"며 걱정하던 시절이었다.

2000년대 중반까지도 작업장에서 일하는 직원 수를 파악하는 일조차 힘겨웠다. 출근 카드는 100명이 찍었는데 실제로는 90명이 일하고 있는 경우가 허다했다. 다른 사람의 카드를 대신 찍어주는 일이 있어도 조장이 이를 경영진에 보고하지 않고 쉬쉬했다. 반면 퇴근 시간은 철저하게 지켜 오후 5시면 모두 사라졌다. 그런 상황에서 중국인 CEO를 뽑을 수는 없는 노릇이었다. 한국인 전문 경영인을 영입했지만 그래서 중국 현지화는 더더욱 더디게 진행됐다.

어려움은 그것뿐만이 아니었다. 바른손카드가 한국에서 최고의 카드 기업이 될 수 있었던 이유는 남다른 디자인 감각, 완벽주의 덕분이었다. 하지만 중국에서는 바른손의 이런 강점이 먹혀들지 않았고 전혀 다른 룰이 적용되었다. 완벽한 완성도의 상품, 디자인이 아름다운 상품은 고려 대상이 아니었다. 가장 저렴한 가격이 제품 선택의 유일한 기준이었다.

하지만 외자 기업인 바른손카드가 중국 현지 업체에 맞서 가격 경쟁력을 갖추는 일은 불가능에 가까웠다. 외국 자본으로 설립된 기업은 중국 정부로부터 엄격하게 관리를 받았다. 노동법으로 정한 근무 시간을 초과해 일을 시키면 당장 신고하는 분위기였다. 반면 중국 공장들은 법을 지키지 않아도 크게 문제 삼지 않았다. 물론 중국 현지 기업이 만든 카드는 저렴한 반면 품질이 엉망이었다. 하지만 바른손카드는 하자가 있는 상품이 바른손 상표로 출고되는 것을 허용할 수는 없는 일이었다. 검수에 또 검수를 거치다 보면 자연히 바른손카드의 원가는 올라가게 되고, 중국 기업과 경쟁하기가 더욱 힘들어졌다.

　남다른 디자인도 중국에서는 바른손카드의 강점이 될수 없었다. 신제품을 개발해서 며칠 뒤 출시를 앞두고 있는데, 경쟁사에서 똑같은 상품을 더 싼 가격에 출시하는 일이 여러 번 발생했다. 상품이 출시된 이후 디자인을 카피하는 것도 힘이 빠지는데, 상품 출시 이전에 데이터 자체가 유출되는 일은 전의를 상실하게 할 정도로 큰 충격이었다. 내부자가 정보를 유출했다는 뜻이기 때문이다. 당시 중국에서는 저작권 보호가 사실상 불가능했기 때문에 데이터 유출을 막을 방법이 없었다.

지적 재산권 보호가 전무한 중국 시장

중국의 청첩장 디자인은 붉은 색지에 중국 전통 문양을 새긴 것이 전부였다. 원앙이 그려진 디자인이 전부였던 예전 우리나라의 청첩장처럼 말이다. 요즘 우리나라 청첩장은 대부분이 흰색인 데 반해, 중국에서는 흰색을 제사 때 쓰는 색이라 결혼식에서 사용하는 것이 터부시됐다. 하지만 바른손에서는 과감하게 화이트 컬러의 서구식 카드 연하장을 중국 시장에 내놓았다. 이어서 파스텔컬러를 적극적으로 활용한 세련된 디자인의 청첩장을 출시했는데, 중국 카드 시장에서는 단연 눈에 띄는 제품이었다. 특히 요즘 우리나라에서 인기를 끌고 있는 레이저로 레이스 문양을 커팅한 카드는 저렴한 중국 노동력을 활용해 바른손카드에서 야심 차게 출시한 새로운 디자인의 카드였다.

하지만 신상품 출시 전에 바른손카드의 데이터가 유출되는 일이 빈번하게 일어나고, 상품이 시장에 풀림과 동시에 비슷한 제품이 쏟아져 나왔다. 물론 바른손카드 제품에 비해 완성도나 품질이 떨어졌지만, 훨씬 저렴한 가격으로 내놓아 시장에서는 중국 회사 제품의 판매량이 훨씬 많았다. 수년간 이런 일이 반복되다 보니 상하이의 청첩장 디자인이 점차 바른손 스타일로 변해 갔다. 중국 현지 제품과의 가격 경쟁에 밀려 매출은 크게 늘어나지 않았지만, 아이러니하게도 바른손카드가 중국 청첩장의 디자인 경향을 바꾸는 현상이 나타났다.

중국 시장의 디자인 유출로 인한 피해는 지금까지 계속되고 있다. 최근 무인양품은 중국에서 상표권 침해 소송을 벌였으나 패소했다. 중국 업체들은 무인양품의 로고부터 매장 인테리어, 상품 목록까지 똑같이 베껴서 영업 중이다. 무인양품의 짝퉁 업체인 '미니소'를 다시 베낀 '유비소'라는 업체까지 등장한 상황이다. 중국 공산당부터 일반 시민들까지 지적 재산권에 대한 의식이 없기 때문에 외국 업체들이 중국에서 상표권 침해 소송을 벌이면 거의 패소하는 실정이다.

반도체나 컴퓨터 산업의 경우에는 핵심 기술을 특허로 보호받기도 하고, 워낙 기술 격차가 심해 신규 경쟁자가 시장에 진입하기 매우 어렵다. 하지만 카드 산업은 노동 집약적이기 때문에 진입 장벽이 낮아서 계속 새로운 업체의 상품이 시장에 난립하게 된다. 아무리 혁신적인 경영을 하더라도 저렴한 가격과 카피 디자인으로 무장한 신규 경쟁자들을 물리치기란 너무나 힘겨운 일이다.

물러설 수 있는 용기

무엇보다 바른손카드는 한국에서 수십 년간 일등 카드 기업의 자리를 지키고 있었다. 누구나 바른손카드의 뛰어난 디자인과 품질에 익숙해져 있었고, 브랜드를 홍보해야 할 필요가 없었다. 그런데 중국 시장에서는 아무도 바른손카드를 알지 못했다. 바닥부터 모든 것을 다시 시작해야 했는데, 2000년대 바른손카드 직원들에게는 처음 대면하는 낯선 상황이었다.

언어 장벽도 무시할 수 없는 어려움이었다. 박영춘 회장이 모든 일을 결정해야 하지만 중국어가 유창하지 않으니 회사 상황을 통역을 통해 들을 수밖에 없었다. 지시 사항을 내리면 중국 직원들이 수긍했지만, 정확히 이해했는지 확인할 길이 없었다. 실제로 일이 지시한 대로 이루어지지 않는 경우가 다반사였다. 어디에서 어떻게 커뮤니케이션에 오류가 난 것인지 명확히 찾아낼 방법이 없는 답답한 날들이 계속됐다.

자신이 기획한 대로 새롭게 일이 진행되는 과정 자체를 즐겼던 박영춘 회장은 앞이 보이지 않는 막막한 정체 상태를 견디기 어려웠다. 극심한 스트레스에 시달리다가 중국 진출 3년 만에 말이 어눌해지는 언어 장애 증상이 시작됐다. 그때 급격하게 건강이 악화된 이후 파킨슨 증후군이 발병해 현재까지도 투병 중이다.

30년간 사업가로서 크고 작은 역경을 이겨냈던 베테랑 경영인인 박영춘 회장은 중국 진출을 추진하면서 커다란 암초에 걸려 사신의 시난 성공을 되돌아보게 됐다. 그동안 그와 함께 뜻을 모아 열심히 뛰었던 동료와 후배들, 자신이 그토록 사랑했던 한국적 정서라는 공감대, 사업가를 보호해주는 기본적인 사회적 제도, 그리고 무엇보다 소비자의 욕구를 톡 건드렸을 때 터져 나오는 폭발적 성장 동력. 그 모든 것이 바탕이 되어 바른손카드의 성공이 있었다는 사실을 뼈저리게 알았다.

중국에서는 모든 것이 그의 곁에서 일시에 사라졌다. 뛰어난 디자인 감각과 수십 년 축적된 제작 기술을 지녔으며, 누구보다 열성적인 추진력을 가지고 있던 그에게도 중국에서 그 모든 것을 다시 일으키는 일은 너무나 고통스러운 경험이었다.

2 버티는 자가 이기는 자

누구나 포기하는 것이 옳다고 생각하는 중국의
경영 환경. 박영춘 회장은 그 혹독한 시련을
견디고 최근 바른손카드 상하이 법인을
안정화시키는 데 성공했다. 그는 우선 중국 내수
시장 진출만을 고집하지 않고 한 발자국 물러서
상황을 주시했다. 중국의 값싼 노동력으로 생산한
새로운 디자인 카드를 출시해 한국 청첩장
산업에서 1위를 고수했다. 또 세계의 카드 업체에
카드를 납품하면서 위기를 견딜 수 있는 힘을
길렀다. '끝까지 버티는 자가 이기는 자'라는
말처럼, 중국 시장에 진출한 지 17년 만에 비로소
바른손카드 상하이 법인의 미래를 기대할 수 있게
됐다.

내려놓으면 비로소 보이는 길

2000년대 초반의 중국 사업 환경은 한국 기업들에는 황당한 수준이어서 중국에 진출한 한국의 중소기업은 사업에 실패하고 한국으로 돌아가는 경우가 대부분이었다. 하지만 박영춘 회장은 명확한 비전을 가지고 중국에서 버티기에 들어갔다. 2008년, 몸을 빼려고 발버둥 칠수록 점점 더 깊이 빨려 들어가는 늪 같은 중국 내수 시장에서 철수하고 중국 시장에 진출하겠다는 목표를 잠시 내려놓았다. 대신 전자상거래로 효율적이고 명확한 거래가 이루어지는 한국 청첩장 시장에 값싼 중국 노동력을 이용해 저렴한 상품을 공급하는 데 집중하는 것으로 전략을 수정했다. 또 한국 이외에 일본, 영국, 호주 등 세계의 카드 업체에서 주문을 받아 상품을 제작하기 시작했다.

오후 9시 반에 잠자리에 들어서 새벽 4시 반이면 일어나 아침을 먹고 출근하는 규칙적인 생활을 시작했다. 중국 법인에서 출시된 모든 제품을 직접 챙기며 중국 직원들이 지시한 대로 일을 수행할 때까지 포기하지 않고 계속해서 이야기했다. 중국인 조각공에게는 기술을 직접 가르쳤다.

박 회장은 점차 회사 일뿐만 아니라 중국 문화 전체로 관심사를 넓히고, 중국 친구들과 문화적으로 교류하기 시작했다. 중국의 찻주전자인 자사호로 유명한 도시 이싱의 도자기 작가와 가깝게 지내면서 직접 도자기를 배웠다. 작가의 가족들과도 가깝게 지내면서 자주 교류했다. 항주 영복사라는 절의 40대 주지 스님과도 친구가 되어 함께 이야기를 나누는 것을 즐겼다. 박 회장은 영복사에 들를 때 항상 주지 스님에게 좋은 향이나 차를 선물했고, 함께 차와 향, 도자기, 중국 그림에 대해 이야기를 나누면서 많은 영감을 받았다. 중국에 건너가서도 은행원이나 공무원보다는 문화를 함께 즐길 수 있는 친구들과 시간을 보내는 것을 선호했다.

'중국 시장 진출'이라는 목표에서 한 발 물러나 중국을 찬찬히 살펴보니 골동품, 도자기, 차 등 즐길 거리가 많았다. 안전에 위협을 느낄 정도로 낙후됐던 상하이는 시간이 지나면서 세계적인 메가시티로 탈바꿈했다. 스타 셰프인 장 조지, 제레미 브아젤 등이 싱하이에 자신의 레스토랑을 오픈했고, 전 세계 디자인 브랜드가 매장을 열어 '차이나 머니'를 겨냥했다. 박 회장은 점차 중국 문화에 익숙해졌고, 중국인들과 교류하며 '중국적인' 경험을 쌓아갔다.

　그동안 바른손카드는 중국 법인 공장 덕분에 한국 청첩장 시장에서 지속적인 가격 우위를 점할 수 있었다. 2006년에는 레이스 패턴으로 레이저 커팅된 디자인을 활용한 청첩장을 개발했고, 펄 인쇄도 시작했다. 특히 레이스 청첩장은 레이저 프린트 기법을 활용한 제품으로, 구멍이 모두 뚫릴 때까지 사람이 카드를 일일이 들고 있어야 한다. 제작 단가가 높은 편이기 때문에 인건비가 비싼 곳에서는 쉽게 시도하기 힘들다. 바른손카드 상하이 법인에서 값싼 중국 노동력을 활용할 수 있었기 때문에 생산이 가능했던 디자인이다. 레이스 커팅이 된 디자인의 청첩장은 지금까지 바른손카드의 효자 상품 역할을 톡톡히 하고 있다.

해외 법인, 수단이 아닌 목적

카드뿐만 아니라 DIY로 카드를 제작할 수 있는 키트를 제작해서 영국에 수출했는데, 예상외로 많은 수익을 올렸다.

유럽 디자인 페어에서 영국의 크래프트 회사들이 바른손카드의 부속품에 관심을 보이면서 우연하게 시작된 거래가 꽤 짭짤한 아이템이 됐다. 가장 큰 DIY 크래프트 회사 물량의 50% 정도를 바른손카드가 공급했다. 영국은 아직까지 카드 시장이 조 단위로 매출을 올리고 있을 정도로 활황이다. 생일뿐만 아니라 엄마의 날, 아빠의 날, 상사의 날, 비서의 날 등 각종 기념일이 1년 중 빼곡하다. 기념일에 선물은 10원짜리를 해도 카드는 1000원짜리 고급 제품을 사는 것이 일상이다. 워낙 카드 보낼 일이 많고 가격이 비싸기 때문에 집에 도구를 갖춰놓고 자신만의 디자인으로 카드를 꾸며 보내는 사람이 많다. 이들은 바른손카드의 아름답고 완성도가 뛰어난 카드 부속품에 열광적인 반응을 보였다.

또 바른손카드는 일본 카드 업계 1위 기업인 마이프린트 사와 제휴를 맺는 데 성공했다. 현재 마이프린트는 전체 물량의 50%를 바른손카드 상하이 법인에서 생산한다. 2000년대 초반 마이프린트는 일본 내 자체 공장 없이 외주업체에서 제품 전량을 생산하고 있었다. 당시 일본 청첩장은 원앙 등 전통적 문양이 그려져 있는 엽서형 제품이 대부분이었나. 일본에서 결혼하는 신부들은 하얀 드레스를 입고

서구식으로 결혼식을 진행한다. 하지만 청첩장은 이와 어울리지 않게 전통적인 디자인이 많았다. 바른손카드는 코트라를 통해 일본 청첩장 회사와 접촉을 시도했고, 한국식 디자인의 카드형 청첩장 제품을 마이프린트에 소개했다. 마이프린트에서 소량의 바른손카드 청첩장을 수입해 일본 시장에 테스트 판매를 해본 결과 좋은 반응이 있었다. 그 후 마이프린트에서 바른손카드에 주문하는 제품 물량이 급격하게 늘어나게 됐다.

중국 시장에서 한국 자본으로 만든 기업이 자리 잡는데는 한계가 있다는 사실을 명확하게 인식한 박영춘 회장은 바른손카드 상하이 법인이 철저히 중국 기업이 될 수 있도록 노력했다. 한국 기업들은 대부분 중국 지사가 한국 본사를 키우는 수단으로 여기고 캐시 카우 역할을 하길 바란다. 하지만 중국 정부는 외자 기업의 이익이 중국 밖으로 새어 나가는 것을 반기지 않아 여러 가지 법적 장애물을 만들어 놓았다. 박 회장은 바른손카드 상하이 법인을 수단이 아닌 목적으로 여기고, 중국 지사의 이익금을 재투자해 중국 친화적인 독자적인 회사로 발전하기를 바랐다.

중국 직원들에게 합당한 월급을 주고, 상하이 시민들에

게 공익적인 기여를 할 수 있는 방법을 모색했다. 붓글씨에 뛰어난 중국인 직원을 한국 대학에 유학 보내 서체를 연구하게 했고, 또 다른 관리직 중국인 직원은 한국의 이화여자대학교 비서학과에 진학할 수 있게 도왔다. 사람을 기르고자 하는 박 회장의 마음은 국적을 가리지 않았다. 사원들의 복지를 위해 일 년에 한 번씩 한국 공연단을 초청해 사내에서 공연을 열기도 했다.

뿌리내리는 시간을 견뎌라

바른손카드 상하이 법인은 초기에 임대 공장에서 제품을 생산해 오다 2008년에 6만 6000m^2(2만 평) 대지를 구입해 상하이 생산 공장을 설립했다. 중국 진출 7년 만에야 카드 제작에 최적화된 바른손카드다운 공장을 중국에 세우는 데 성공한 셈이다. 1994년 바른손 사옥으로 김수근 문화상을 받았던 고 이종호 교수가 상하이 공장도 설계했다. 공장 설계는 베테랑 건축가인 이종호 교수에게도 낯선 프로젝트였지만, 박영춘 회장과의 오랜 파트너십이 있었기 때문에 이종호 교수는 최초로 공장 설계라는 모험을 감행했다.

바른손카드 상하이 공장을 설계하면서 박영춘 회장과 이종호 교수가 가장 강조했던 점은 근로자가 아름답고 효율적인 환경에서 일할 수 있도록 하는 것이었다. 공장 내부에 중정을 두어 직원들의 작업 공간에 햇빛이 들 수 있도록 했고, 인쇄와 후가공을 논스톱으로 할 수 있도록 생산 라인을 설계했다. 산이 없어서 공장 주변 풍경이 밋밋하다고 느낀 박 회장은 공장 앞에 작은 언덕을 만들고 나무를 심어 미장센에 리듬감을 주었다.

　　상하이 법인 경영진 구성에도 많은 변화가 있었다. 2000년대 초반에는 많은 비용을 지불하고 한국에서 전문 경영인을 초빙했다. 중국 체류비와 많은 인건비를 지불해야 했지만 중국 현지 실정에 익숙하지 않아 기대했던 만큼 좋은 결과가 나오지 않았다. 지금은 맏아들 박이식 부회장과 중국인 전문 경영인이 바른손카드 상하이 법인을 책임지고 있다. 최근에는 중국 내에서 청첩장 전자상거래 시스템을 갖추고 전열을 가다듬었다. 중국 진출한 지 17년 만에 바른손카드는 한국 제조 공장이라는 타이틀을 벗고 중국 시장에서도 자생력 있는 사업체로 자리 잡았다. 중국에 진출하며 수많은 저항에 부딪혔지만, 결국 시간은 바른손의 손을 들어주었다.

3 새로운 시작, 아트 프린팅

"온라인 음원으로 음악을 즐기듯, 집에서 부담 없이 미술 작품을 즐기면 어떨까?" 박영춘 회장이 내놓은 현업에서의 마지막 아이디어는 아트 프린팅 사업이다. 대중이 미술 작품을 좀 더 가깝게 즐길 수 있도록 길을 내주기. 이것이 이 사업의 명확한 의도다.

저변을 넓혀야 미술 산업이 발전한다

사람들의 일상에 예술이 스며들 때 그 사람의 영혼은 전혀 다른 방식으로 빚어진다. 카드와 생활용품에 디자인 개념을 도입해 사람들의 일상을 더욱 다채롭게 했던 박영춘 회장이 내놓은 현업에서의 마지막 아이디어는 자연스럽게 아트 프린팅 사업으로 귀결됐다. 카드라는 형식에서 벗어나 사람들이 일상 속에서 미술 작품을 좀 더 가깝게 접했으면 하는 바람으로 시작한 일이다.

파인 아트 시장은 아직까지 일부 부유층의 취미, 혹은 투자 수단으로 여겨지고 있다. 일반 시민들은 갤러리에 들어가 그림 가격을 묻는 일조차 엄두를 내지 못한다. 예를 들어 그림 값이 1천만 원이라고 하면 왜 그 그림이 그 가격인지 이해하는 것도 쉽지 않다. 전시회에서 느꼈던 감동을 일상으로 가져오기에는 아직까지 벽이 높다. 박 회장은 이런 미술계의 상황이 옳지 않다고 생각했다. 최근 인쇄 기술이 발달해 미술 작품을 인쇄해서 가까이에 두고 즐길 수 있게 됐다. 이뿐만 아니라 작가가 서명한 한정판 에디션도 일반 미술 애호가들의 구매욕을 자극하는 제품이 될 것으로 판단했다.

음악의 경우 예전에는 귀족들이 오케스트라를 데려다가 즐기는 고급 취미였다. 녹음을 해서 음악을 유통시킨다는 것은 혁신적인 발상이었다. 에디슨이 만든 축음기가 1888년 헨델의 오라토리오 〈이집트의 이스라엘인〉을 최초로 녹음한 이후 더 많은 사람이 녹음된 형태의 음악을 즐길 수 있게 됐다. 당시 축음기 때문에 음악가가 일자리를 모두 잃게 될 것이라는 우려와는 달리 녹음 기술 덕분에 음악 시장은 기하급수적으로 발전했다. 인터넷 시대에는 디지털 음원이 온라인으로 유통되기 시작하면서 같은 우려가 있었지만 기우로 밝혀졌다. 음악을 전혀 듣지 않는 사람보다 온라인으로 음원을 듣는 사람들이 고가의 콘서트 티켓을 끊을 가능성이 훨씬 높듯이 음악을 접하는 방식이 더욱 쉽고 다양해질수록 전체 음악 시장은 확대될 수밖에 없다.

박 회장은 미술도 음악처럼 사람들이 더 쉽게 접할 수 있어야 고급 미술 시장도 더욱 발전할 것으로 생각했다. 그는 바른손카드가 50년 가까이 쌓아온 고급 인쇄 기술을 활용해 원화만큼 질 좋은 그림을 인쇄해 비교적 저렴한 가격에 판매함으로써 사람들이 즐길 수 있도록 했다. 인쇄 기술자와 협력해 작품 표면의 울퉁불퉁한 질감, 즉 마티에르를 표현할 수 있는 기술을 개발해 2004년 특허를 냈다. 그는 싸게 프린트한 것은 싸게, 비싸게 프린트한 것은 비싸게, 작가가 서명을 한 한정판 에디션은 더욱 비싸게 파는 방식으로 대중이 미술에 더욱 쉽게 다가갈 수 있도록 도왔다.

지금은 박 회장의 장녀인 박소연 대표가 아트 프린트를 판매하는 전자상거래 사이트 그림닷컴, 한정판 에디션 작품을 판매하는 아트앤에디션을 운영하는 비핸즈의 수장으로 아트 프린팅 사업을 이끌고 있다.

4 내 삶은 정답이 아니다

인터뷰 말미에 박영춘 회장은 뜻밖의 말을 전했다.
"나는 나의 삶이 정답이라고 생각하지 않습니다.
뛰어난 개인은 한계가 있습니다."
그는 현재 회사를 경영하고 있는 자녀들이 좀 더
긴 호흡으로 사람들과 함께 일을 이루는 재미를
알아갔으면 좋겠다고 말했다. 소소한 행복을
찾으며 여기 이 순간을 살았으면 한다는 말도
덧붙였다.

뛰어난 개인보다는 협력하는 팀

바른손카드가 창업 초기부터 박영춘 회장 개인의 열정, 미감, 기획력, 완벽주의에 기대어 성장했던 회사임은 누구도 부인할 수 없다. 그만큼 기업 내에서 박 회장의 영향력은 절대적이었다. 그의 뛰어난 능력은 바른손카드를 굴지의 중소기업으로 키우는 데 가장 중요한 요소였다. 1970년 최초의 엠보싱 카드를 출시해 순식간에 일등 기업으로 올라섰을 때부터 모든 제조 과정을 완벽하게 컨트롤해 낸 그는 늘 사내에서 업무 프로세스를 가장 잘 아는 사람이었다.

하지만 바른손카드, 바른손팬시가 세계적인 대기업으로 성장하려면 뛰어난 디자인 창업자 이외에 무언가가 더 필요했다. 바른손카드를 설립한 지 50년 가까운 세월을 돌아본 그는 함께 일하는 동료와의 소통, 협업에 더욱 심혈을 기울였어야 했다고 말했다. 그가 신뢰하는 사람의 관점에 귀 기울이고 그것에 맞춰 자신의 의견을 조율하는 과정이 필요했다. 바른손팬시의 직원이 300명 이상 늘어나 거대한 조직으로 성장했지만 박 회장은 여전히 제품 생산의 처음부터 끝까지 전 과정을 관장했다. 하지만 그는 신뢰할 만한 동료를 길러내는 시스템을 만들어내는 일에 먼저 집중했어야 했다고 회고했다.

그는 1998년 IMF 위기 때 바른손팬시를 매각하고 다시 처음부터 시작하는 마음으로 중국 진출을 통해 재기를 노렸다. 하지만 중국 진출은 박영춘 회장에게 큰 도전이었고, 동시에 시련이었다. 1970년대의 바른손카드, 1980년대의 바른손팬시가 거둔 큰 성공은 시대적인 상황과 경영 환경, 그리고 창업자의 능력이 맞아떨어졌기 때문에 가능했던 일이란 것을 알았다. 그는 이제 조금 다른 방향으로 사업을, 그리고 개인의 삶을 바라보기 시작했다. 최근 박영춘 회장은 바른컴퍼니를 이끌고 있는 셋째 아들 박정식 대표와 마주 앉아 이렇게 말했다.

"아들아, 너는 재주가 있는 것 같다. 그런데 능력이 있고 감각이 있는 것이 항상 좋지만은 않다. 나는 내 삶이 성공했다고 보지 않는다. 내 방법이 옳다고 생각하지 않는다.

나 개인이 재주가 있어서 첫 시작부터 성공적이었지만, 그 성공은 지속적으로 유지되지 않았다. 뛰어난 개인이 혼자서 할 수 있는 일은 한계가 있다. 긴 호흡으로 다른 사람들과 함께 무언가를 쌓아나가는 재미를 알길 바란다."

협업의 중요성을 강조하는 그의 말은 지난 50년간 자신의 모든 것을 던져서 기업을 일구었던 경험이 녹아들어 더욱 묵직하게 다가온다. 이런 그의 판단은 디자인이나 IT 기술 등 서로 다른 분야의 전문가들이 팀 창업을 하는 세계적인 경향과 궤를 같이한다. 카카오, NHN, 삼성전자 등 IT 기업의 컨설턴트 김창준 대표는 저서 「함께 자라기」에서 21세기 전문가에게 가장 필요한 요소는 커뮤니케이션과 협업 능력이라고 강조했다. 세계적인 기업으로 성장하려면 디자인, IT 기술 등 서로 다른 분야의 전문가들과 협력을 통해 안정적인 기업 구조를 만들어내야 한다. 박 회장은 가업을 이어 바른 컴퍼니와 비핸즈를 이끌고 있는 자녀들이 다른 분야의 전문가들과 협력을 통해 새로운 도전을 계속해 나가길 바란다.

요즘 그는 일이 인생의 전부가 아니라고 생각한다. 소소하지만 확실한 행복, '소확행'을 챙기며 순간을 사는 것도 가치 있는 인생일 수 있었겠다고 말한다. 사업 일선에서 물러난 지금, 계곡물이 굽이치는 인제의 산속에 집을 짓고 매일매일 자연과 함께 호흡하며 여생을 즐기고 있다. 인적 드문 산속에 자리 잡은 자택 마당에 가만히 앉아 있으면 모든 것의 주인이 된 것 같은 기분이 든다. 그곳에서 박영춘 회장은 그림과 음악을 벗 삼아 매 순간 존재의 아름다움을 만끽하는 중이다.

올해 80세, 산수傘壽를 맞은 그는 여전히 새로워지는 것을 멈추지 않았다.

바른손팬시의 처음과 마지막을 함께하다
14년간의 단호한 트레이닝을 버텨낸 힘

신순규 전 바른손팬시 이사

바른손팬시에서 디자인 책임자로 14년간 일했던 신순규 이사는 박영춘 회장과 닮은 날카로운 눈빛의 중년 신사였다. 누구보다 뛰어난 오감을 지녔던 박 회장의 단호한 트레이닝을 버텨낸 신 이사는 그에게 애정과 애증이 뒤섞인 감정을 느꼈다고 회고한다. 긴 세월 동안 호된 질책을 견디며 더욱 강해졌고 점차 박 회장을 닮아갔다. 박영춘 회장을 아버지 같은 분이라고 묘사하는 그는 박 회장의 의도를 명확하게 이해했던 동료이자 후배였다.

1983년 가을, 충무로 장군찻집에서 박영춘 회장님을 처음 뵈었어요. 광고 디자인을 7년 정도 했고, 당시에는 페인트 회사의 디자인 책임자로 일하고 있었는데 은사인 숙명여대 안정언 교수님의 소개로 만나게 됐어요. 처음 만나는 자리

인데 제 작품을 미리 다 보고 오셨더라고요.

"바른손팬시를 새롭게 시작하려고 합니다. 감각적인 일이라 신순규 씨와 잘 맞을 것 같아요. 같이 캐릭터를 개발해 보지 않겠습니까?"

당시는 디자이너로 오래 일했던 저조차 팬시라는 말이 낯선 시절이었어요. 캐릭터라는 개념도 전혀 없었죠. 하지만 '아, 무언가 전혀 새로운 일이 시작되겠구나' 하는 직감이 들었어요. 늘 새로운 분야, 새로운 시스템, 새로운 목적에 흥미를 가지고 있었거든요. 새로운 문화의 시발점이 되는 프로젝트에 동참한다는 것 자체가 너무 신났어요. 이직하기로 결정하고 11월 1일부터 본격적으로 출근했습니다.

저와 회장님이 같이 일하면 3년을 못 채울 거라고 예상하는 사람이 많았어요. 제가 워낙 성격이 강했거든요. 그런데 14년을 함께했어요. 그만큼 배울 점이 많은 분이셨고, 늘 저의 노력을 인정해 주셨어요. 박영춘 회장님은 오감이 정말 뛰어나세요. 예지력과 통찰력, 판단력, 추진력 등 모든 부분이 다른 사람들보다 깊고, 넓고, 높으시죠. 아직까지 그런 분을 한 번도 뵌 적이 없어요.

회장님한테 많이 혼나면서 기획을 배웠어요. 어떤 가격

대에 어떤 상품을 만들 것인가 기획하는 것, 없는 것을 만들어내는 것이 디자이너의 일이거든요. 가르칠 때는 정말 단호하고 인정사정이 없으세요. 또 각자 그린 디자인 시안을 프레젠테이션 하면 팀원들이 너무나 솔직하게 피드백 하는 문화가 있었어요. 다른 사람의 의견을 들으면서 자기만의 세계를 깨고 성장하길 바라셨어요. 어린 판다가 대나무에 올라가면 엄마 판다가 밑에서 나무를 흔드는 것처럼 말이죠. 10명 중 9명이 다 떨어지는데 살아남은 한 사람만 올리셨어요. 독특한 방법으로 회사에서 원하는 사람을 키워내셨어요.

많은 사람이 저에게 물어봐요. 너는 어떻게 박 회장님 밑에서 그렇게 오랜 시간 그의 질책을 버텼느냐고요. 애정과 애증이 함께 있는 것 같아요. 애정만 있으면 오래 못 가고, 애증만 있으면 관계가 끝나겠지요. 시간이 지나면서 회장님의 의도를 점차 이해하게 됐던 것 같아요. 그러면서 점점 그분을 닮아갔어요.

바른손팬시가 부도난 지 얼마 되지 않아 회사를 나왔어요. 그 후 한참 동안 연락을 안 드리다가 7년 만에 회장님 가족을 찾아뵈었어요. 사모님이 제가 온다는 걸 알고 좋아하는 시래깃국을 끓여놓으셨더라고요. 셋이 앉아서 시래깃국을 먹으면서 특별한 얘기도 나누지 않았는데 시렸던 마음이 따듯해졌어요. 지금은 1년에 한 번씩은 찾아뵙고 있어요. 저에게는 아버지 같은 분이에요.

Epilogue

박영춘 회장을 만나기 전, 나는 사업가들에게 묘한 거리감을 느꼈었다. 사업가는 자신의 부를 축적하기 위해 수단과 방법을 가리지 않는 욕망의 사람들일 것이라고 막연히 상상했었다. 무엇보다 나 스스로 돈 버는 일, 사업체를 일구는 일과 거리가 먼 사람이라고 생각했다.

하지만 지난 12개월 동안 이 책을 쓰며 바른손의 50년 역사를 한 구비 한 구비 짚어가다 보니 이제는 사업가가 되어 돈을 많이 벌고 싶어졌다. 내가 상상만 하던 일들을 실제로 구현하는 수단으로 돈을 사용한다면 얼마든지 품격 있는 사업가가 될 수 있다는 사실을 알았다. 내가 머릿속에서만 생각하고 있는 아름다운 일들이 실제 이 세상에 펼쳐질 수 있도록 좀 더 적극적으로 돈을 벌 계획을 세우게 됐다. '돈 알못'이던 '문송이(문과라 죄송합니다)'에게 창업가 정신을 전파해 주신 박영춘 회장님께 진심으로 감사와 존경의 마음을 전한다. 진정한 어른이 드문 한국 사회에서 닮고 싶은 사람을 직접 만나는 행운을 누렸다.

이 책은 박영춘 회장의 장녀인 박소연 대표의 도움이 없었다면 세상에 나오지 못했을 것이다. 수차례의 서너 시간이 훌쩍 넘는 인터뷰에도 지치지 않고 사실에 접근할 수 있도록 솔직한 이야기를 들려주셨다. '해풍에 말린 45개의 쑥뜸', '대전에서 상경한 미스 리' 등 50년이 지난 이야기의 깨알 디테일을 담당해 주신 박영춘 회장님의 아내 김영이 사모님, 아드님인 박이식 바른손카드 상하이 법인 부회장, 박정식 바른컴퍼니 대표에게 감사드린다. 덕분에 이야기가 훨씬 생명력 있고 풍성해질 수 있었다.

또 인터뷰에 응해 주신 이영혜 디자인하우스 대표, 김현 산업 디자이너, 신순규 전 바른손팬시 이사, 박병순 홈스마일 대표, 금다래 신머루 캐릭터를 만든 이설호 디자이너에게도 감사드린다. 덕분에 입체적인 관점으로 바른손카드와 바른손팬시의 이야기를 조망해 볼 수 있었다.

이야기 전개에 꼭 필요한 조언을 주시고 적절한 페이스로 압박해 주신 몽스북 안지선 대표, 원고를 마감하는 시

간 동안 즐겁게 지내준 남편과 아들에게도 고마운 마음을
전한다.

참고 자료

「무인양품은 90%가 구조다」 마쓰이 타다미쓰 지음 / 모멘텀

「에어비앤비 스토리」 레이 갤러거 지음 / 다산북스

「배민다움」 홍성태 지음 / 북스톤

「나음보다 다름」 홍성태 · 조수용 지음 / 북스톤

「함께 자라기」 김창준 지음 / 인사이트

생일
울리고 빛진
그랗스마스예요
소망하는 모든 것들이
이루어 지시고
새해 새해보
받아 가시길……

0.1cm로 싸우는 사람

최초의 디자인 회사 '바른손' 50년 이야기

초판 1쇄 발행 2019년 6월 7일
지은이 박영춘 · 김정윤
펴낸이 안지선

마케팅 최지연 김재선 장철용
제작 투자 타인의취향
디자인 석윤이
사진 우창원
교정 신정진

펴낸곳 (주)몽스북
출판등록 2018년 10월 22일 제2018-000212호
주소 서울시 서초구 신반포로3길8
반포프라자 321
이메일 monsbook33@gmail.com
전화 070-8881-1741
팩스 02-6919-9058

ISBN 979-11-965190-3-2 03320

이 도서의 국립중앙도서관 출판도서목록(CIP)은
서지정보유통지원시스템 홈페이지(http://
seoji.nl.go.kr)와 국가자료공동목록시스템(http://
www.nl.go.kr/kolisnet)에서 확인하실 수
있습니다(CIP 제어번호:CIP2019020750)

mons (주)몽스북은 생활 철학, 미식, 환경,
디자인, 리빙 등 일상의 의미와 라이프스타일의
가치를 담은 창작물을 소개합니다.